Kroatien
**Buchten · Ankerplätze
Häfen · Landgänge**

Kroatien
**Buchten · Ankerplätze
Häfen · Landgänge**

DSV-Verlag

Novigrad

Ein Wort zuvor

Nach turbulenten und für das Land leidvollen Zeiten, hat sich Kroatien heute längst wieder dem Tourismus geöffnet. Das landschaftlich ansprechende alte Kulturland war schon zu Zeiten des ehemaligen Jugoslawien ein hervorragendes und vielbesuchtes Segelrevier – nahe genug für leichte Erreichbarkeit , und zugleich fern genug, um ein wenig exotisch mediterran zu wirken.

Das Revier ist für Trailerbootskipper, auch mit Jollenkreuzer, interessant, weil es zwischen den Inseln der Kvarner Bucht eine ganze Reihe gut geschützter Meeresarme mit Glattwasser gibt. Aber es lassen sich in diesem abwechslungsreichen Revier auch anspruchsvolle Seetörns, z. B. entlang der äußeren Inselkette durchführen. Somit wird wohl jeder an der kroatischen Küste auf seine Kosten kommen.

Eine Reihe moderner Marinas und viele Ankermöglichkeiten bieten sich einer durchreisenden Yacht an. Dabei ist das Revier durchaus belebt, ohne jedoch überfüllt zu wirken.

Danken möchte ich all jenen, die durch Rat und Tat zum Gelingen dieses Werkes beigetragen haben, insbesondere aber meiner Frau Susanne, ohne deren engagierte Mitwirkung die Erstellung des Buches nicht möglich gewesen wäre.

Ich wünsche Ihnen viel Vergnügen dabei, das reizvolle Kroatien für sich zu entdecken.

Volker Lipps

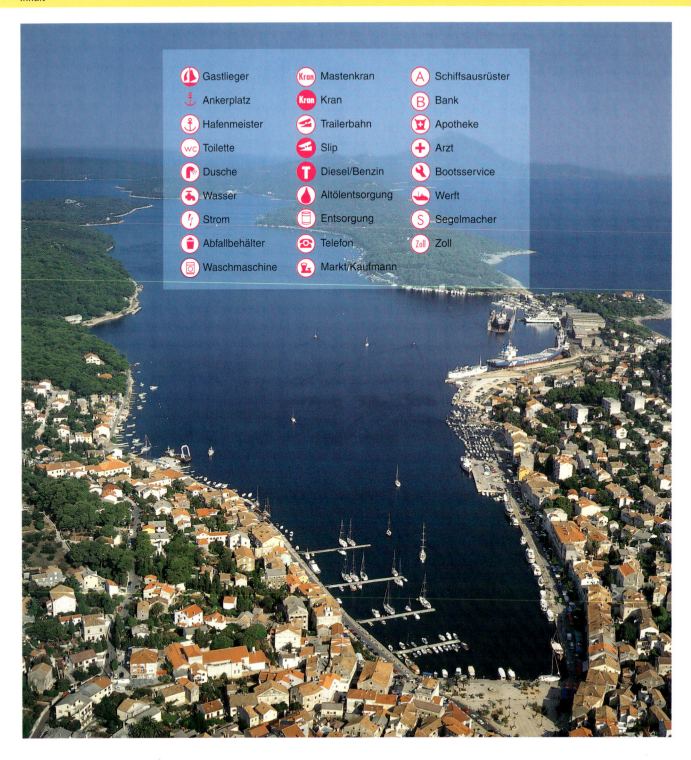

Inhalt

Einführung	9	**III. Zadar und Sukošan**	78
1. Allgemeine Angaben	9		
2. Seekarten, Seehandbücher	10	**IV. Die inneren Inseln –**	
3. Klima, Windverhältnisse,		Zadar bis Cres	
Gezeiten/Strömungen	12	und Ostküste Istriens	87
4. Seewetterberichte	17	Exkurs: Uskoken –	
5. Navigation	18	Piraten der Adria	102
6. Einreisebestimmungen und		Exkurs: Rätselhafte Schrifttafeln –	
nützliche Informationen	19	die glagolitische Schrift	115
		Anhang: Slowenien	115
I. Westküste Istriens	22		
Exkurs: Geld und Marderhäute	39	**Kroatisch-deutsches Glossar**	120
II. Die äußeren Inseln – Cres bis Iz	40	**Ortsregister**	121

Einführung

Gebietsübersicht

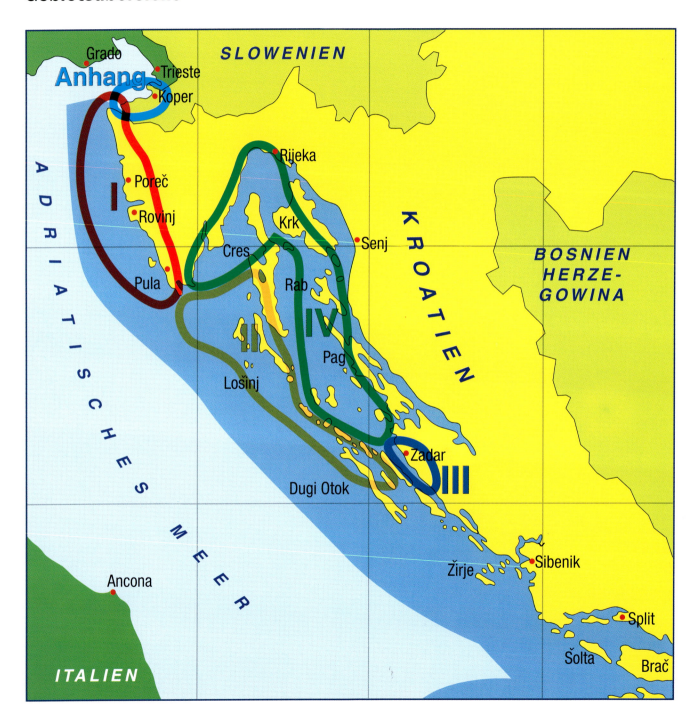

Einführung

1. Allgemeine Angaben

Das Revier Nordkroatien erstreckt sich ungefähr vom 46. Breitengrad im Norden bis zum 44. Breitengrad im Süden. Damit ist die Region ein verbindendes Glied zwischen Nord- und Südeuropa – schon nicht mehr zu Nordeuropa, aber auch noch nicht ganz zum Süden gehörig. Wir haben es zusammen mit dem Golf von Genua mit dem nördlichsten Zipfel des Mittelmeers zu tun. Das prägt im wesentlichen den Landschaftscharakter. Die in vielen Prospekten von Reiseveranstaltern verbreiteten Klischees – Paradies für Badeurlauber – Paradies für Wassersportler – ewig sonnenbeschienene Küste usw. – werden dem Revier nur zum Teil gerecht.

Gewiß sind die Küsten Istriens und der Kvarner Bucht kein Hochseerevier. Das Revier ist bestimmt durch seine Unzahl von Inseln, Inselchen und Klippen. Ganz Kroatien besteht aus einer Küstenlinienlänge von fast 6.000 km. Über 700 kleine und größere Inseln sowie mehr als 500 Felsen und Riffe sind der gesamten Küste vorgelagert. Genau diese starke Gliederung läßt einen eigentlich auch nicht von Küstenlinie sprechen. Auch hier gilt, so wie die kroatische Inselwelt nicht zum Norden gehört, aber noch nicht Süden ist, so ist das Gebiet der Kvarner Bucht nicht mehr Festland aber auch noch nicht ganz Meer. Es ist ein einzigartiges Revier, das sich jeder kategorischen Zuordnung entzieht.

Für den nautischen Touristen ist es durchaus ordentlich erschlossen, wenngleich die Dichte von Marinas und geeigneten Liegeplätzen nicht so groß ist, wie dies beim flüchtigen Blick auf die Karte vom Landschaftseindruck suggeriert wird. Bei den für Sportboote geeigneten Häfen handelt es sich zumeist um moderne Marinas, den typischen klassischen mediterranen Fischerhafen wird man nur noch selten finden. Daneben bieten sich einige romantische Ankerplätze an, von denen es eine ganze Reihe gibt.

Ideal geeignet ist das Revier, um mit dem Trailerboot erschlossen zu werden. Speziell in den zum Teil stillen Kanälen zwischen den Inseln im Südteil des hier beschriebenen Reviers, also in dem Zadar vorgelagerten Archipel, kommt auch der Jollenkreuzer zu seinem Recht. Bei verantwortlicher Schiffsführung und vorausschauender Wetterbeobachtung spricht nichts dagegen, mit ihm auf Wanderfahrt zu gehen. So kann man auch noch dort in die flachsten und verwinkelsten Ecken gelangen, die dem Kielboot-Skipper verschlossen bleiben. Aber auch der Freund längerer Seeschläge wird entlang der äußeren Inseln auf seine Kosten kommen.

Landschaft

Der Landschaftscharakter Nordkroatiens ist überwiegend bergig. Das mächtige Velebit-Gebirge riegelt das Revier mit seinen bis auf 1.700 m hoch reichenden Bergen gegenüber dem Festland ab.

Die vorgelagerten Inseln gliedern sich in eine küstennahe und in eine küstenferne Inselreihe – Bergketten, die aus dem Meer emporragen und zwischen denen manchmal sehr schmale, stille Kanäle entstanden sind. Die Halbinsel von Istrien hingegen ist auf ihrer Westseite recht flach und ungegliedert, lediglich an der Ostseite in der Bucht von Opatija bestimmen einige steil aufragende Berge das Bild. Das Velebit-Gebirge riegelt den eher klimatisch begünstigten, dem Mittelmeer zugewandten Meeresteil von dem kontinental geprägten Festlandsklima Innerkroatiens ab. Von See aus wirkt die kahle, hoch aufragende Front dieses mächtigen Bergzuges, als sei sie aus Marmor. Hier hat die mächtige Bora, der gefürchtete und dominierende Wind der Region, deutliche Spuren hinterlassen. Die der Küste unmittelbar vorgelagerte Inselreihe von Krk im Norden bis zur Südspitze Pags im Süden wirkt an ihrer Ostseite in der Regel wie eine Mondlandschaft. Hier wächst nichts. Jedes pflanzliche Dasein wird von den heftigen Winterboras in Sturm- und Salzschwaden erstickt.

Deutlich lieblicher – und mediterraner – sind da schon die äußeren Inseln von Cres im Norden bis Dugi Otok im Süden. Weit weniger spektakulär wirkt die Westküste Istriens. Wie gemauert steht eine vielleicht 20 bis 30 m hohe Kliffküste mit grünen Aleppokiefern und Pinien bewachsen. Herausragende Landmarken sucht man hier vergeblich – das Hinterland ist eher flach. Dafür gibt es einige herausragende Ortschaften, die aufgrund ihres Erscheinungsbildes die Verbindung zu Venedig an der Gegenküste nicht verleugnen können.

Geschichte

Überhaupt ist bis in die heutige Zeit hinein ein deutlicher Unterschied zwischen den hochentwickelten urbanen Zentren – selbstbewußte Städte – und dazwischen gelegenen, zum Teil armen, zurückgebliebenen Landstrichen auffällig. Vielerorts spürt man die Zurückgezogenheit der Menschen auf ihre Insel, ihr Dorf. Nirgendwo in Europa ist außerdem die Geschichte von Orient und Okzident enger verzahnt als an der dalmatinischen Küste. Die Gegend ist eine Nahtstelle zwischen der östlichen und der westlichen Kultur, der lateinisch römisch-katholisch geprägten auf der einen, der byzantinisch-orthodoxen sowie der islamisch-türkischen auf der anderen Seite. Zum Teil spüren wir die leidvollen Auswirkungen noch heute.

Schon in der Antike war die Küste, damals besiedelt von illyrischen Stämmen, Objekt der Begierde Roms. Der Name Dalmatien leitet sich noch heute vom illyrischen Stamm der Dalmatae ab, nach dem die Römer die Provinz jenseits der ihnen bekannten Adria benannten. Später folgten den Römern die Westgoten und danach etablierte sich Byzanz in der Region. Erst am Ende, nach Byzanz, kamen die Slawen auf die Balkanhalbinsel. Anfang des 15. Jahrhunderts geriet die Gegend unter die Herrschaft des aufstrebenden Venedig. Diese Herrschaft sollte 400 Jahre andauern, wurde aber immer wieder von der Macht des osmanischen Reichs vom Innern des Balkan her bedroht. Anfang des 19. Jahrhunderts trat anstelle der Seerepublik Venedig das Habsburger Reich, das die dalmatinische Küste bis zum Ende des Ersten Weltkrieges und bis zur Gründung des Staates Jugoslawien inne hatte. Während der Herrschaft Venedigs hatten aber viele Stadtstaaten ganz im Süden der Region, z. B. Pag oder Dubrovnik (ital. Ragusa), eine weitgehende politische Autonomie durch die Ausnutzung ihrer Lage zwischen Venedig und Byzanz erhalten. Daß die Gegend wenige Jahre (1812 bis 1815) zum kurz aufstrebenden napoleonischen Reich gehörte, sei nur der Vollständigkeit halber erwähnt. Seit Juni 1991 – der Abtrennung Kroatiens vom jugoslawischen Staatenbund – ist Kroatien ein selbständiger Staat und ab 15. Januar 1992 völkerrechtlich als solcher allgemein anerkannt. Im Bereich Nordkroatiens, also in Istrien und in der Kvarner Bucht, gab es keinen Kriegszustand.

Anreise

Für den Charterer keine Frage, für den Bootseigner aber interessant – wie gestaltet sich die Anreise zur Nordadria? Mit dem Trailerboot hat man von Frankfurt bis zur Nordadria eine zweitägige Fahrt über gut ausgebaute Autobahnen bzw. in Istrien und im Nordteil der Kvarner Bucht über Landstraßen zu bewältigen. Man kann dann sehr gut von einem der Häfen der istrischen Westküste oder auf der Insel Krk das Boot zu Wasser lassen. Für die Autoanreise ist neben den üblichen Papieren (Personalausweis oder Reisepaß, nationaler Führerschein, Fahrzeugschein und Nationalitätskennzeichen) eine grüne Versicherungskarte für Kroatien Pflicht. Es sei auch darauf hingewiesen, daß in Kroatien ein Reservesatz Glühlampen Pflicht ist. Zu Beginn von Schulferien im Sommer, an Ostern und an Pfingsten muß man allerdings mit längeren Wartezeiten an den Grenzen rechnen. Wir dürfen nicht vergessen, daß Kroatien und Slowenien außerhalb der EU liegen.

Ein Boot, das man nicht selbst trailern kann, wird man von Nordeuropa aus nur über den Seeweg bzw. über einen professionellen Yachttransport in das nordadriatische Revier bringen können.

2. Seekarten – Seehandbücher

Es empfiehlt sich, Literatur und Seekarten schon rechtzeitig vor dem Törn in Deutschland zu besorgen. Erfahrungsgemäß sind diese Artikel vor Ort kaum erhältlich.

Das hier behandelte Seegebiet wird von folgenden Seekartensätzen abgedeckt:

I39, D1075, D1076
Die drei Karten gibt es im Maßstab von 1 : 100.000.
CRO15, CRO16, CRO17, CRO18, CRO19
Diese Karten haben einen Maßstab von 1 : 100.000.

2. Seekarten, Seehandbücher

Kroatischer Sportbootkartensatz Teil 1 (Nord), ebenfalls im Maßstab 1 : 100.000

Die Darstellungsart der Karten unterscheidet sich unwesentlich voneinander. Der Sportbootkartensatz hat

Plankarten mit Spezialplänen von Häfen und Durchfahrten in der Adria:

D 1067 Pläne in Dalmatien von Split bis Zadar
D 1068 Pläne in Dalmatien und Istrien von Zadar bis Koper

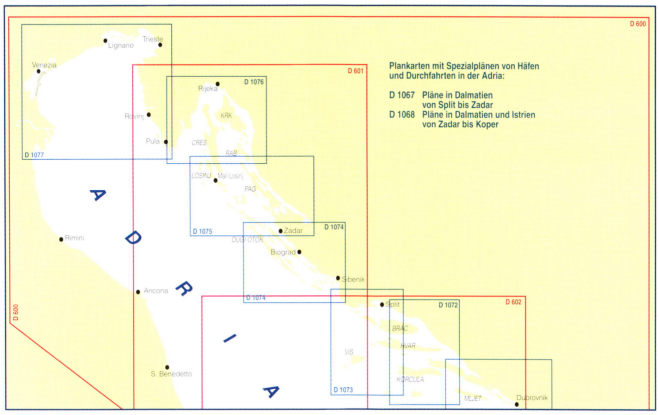

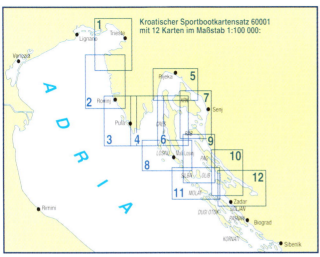

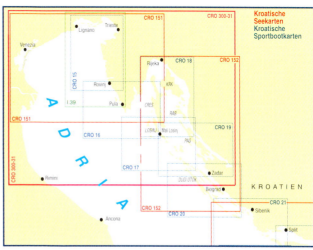

den Nachteil, aus zwölf Einzelblättern zu bestehen, so daß das Seegebiet in viele kleine Teile aufgeteilt wird und Navigation über den Kartenrand hinaus zum üblichen Fall wird. Darunter leidet etwas die Gesamtschau. Dafür ist der Sportbootkartensatz mit zur Zeit 94 DM für die Komplettabdeckung des Reviers (mit wenigen Ausnahmen südlich Zadars) am preiswertesten. Für die deutschen und italienischen Seekarten sind für das angegebene Revier im Satz gut 120 DM zu bezahlen und für die amtlichen kroatischen Seekarten rund 160 DM.

Achtung: Die kroatischen Seekarten basieren nicht auf dem Bezugssystem WGS84! Damit können GPS-Positionen nicht ungeprüft in die Karte übernommen werden, wenn der Rechner mit WGS84 operiert. Die so gewonnenen Positionen weichen um gut eine viertel Meile von der wahren Position ab. Nähere Korrekturangaben befinden sich auf den Seekarten!

Folgende Seehandbücher empfehlen sich für das Revier:
Mittelmeerhandbuch IV. (BSH Nr. 2030)
Leuchtfeuerverzeichnis Mediterranean,
Black and red seas, NP78 Vol. E
Yachtfunkdienst Mittelmeer (BSH Nr. 2159)
Klima und Wetter im Mittelmeer (BSH Nr. 2180)

3. Klima – Windverhältnisse – Gezeiten/Strömungen

Klima

Im Prinzip entspricht das Klima der Nordadria dem allgemeinen mediterranen Klima. Das heißt, trockenheiße, niederschlagsarme Sommer und feucht-kühle Winter, in denen das Gros der Jahresniederschlagsmenge fällt, wechseln einander ab. Hierbei dürfen wir aber nicht vergessen, daß die Nordadria ungefähr auf dem Breitenparallel zu Bordeaux und der inneren Biscaya liegt. Im Sommer befindet sich der subtropische Hochdruckgürtel über dem südlichen Bereich des Mittelmeers, wo es zum großräumigen Absinken der Luft kommt – blauer Himmel und Wolkenfreiheit sind die Folge. Im Winter zieht sich der subtropische Hochdruckgürtel weiter nach Süden zurück und kommt zumeist über der Sahara zu liegen. Dann ist der Weg frei für die atlantischen Westwinde der gemäßigten Breiten, die Tiefdruckgebiete über den Mittelmeerraum streichen lassen. Es bietet sich uns das aus norddeutschen Sommern bekannte Bild von starker Bewölkung, Niederschlägen und aufgelockertem Rückseitenwetter. Die klassische mediterrane Wetterlage wird sich aber nur im äußersten Hochsommer in der Nordadria ausbreiten. Zumeist sind es Tiefausläufer, die, vom Atlantik kommend, über die Biscaya und Frankreich sowie Italien hinweg ins Mittelmeer schwenken und das Wetter in der Nordadria stark beeinflussen. Seltener werden Tiefdruckzentren über Südfrankreich in den Golf von Genua und weiter gegen die Südalpen ziehen. Gerade die Randlage der Nordadria macht die klimatische Zuordnung etwas schwierig. Wochenlange Schönwetterperioden mit wenig Wind, viel Sonne und viel Trockenheit stellen hier die absolute Ausnahme dar. Augenfällig ist auch, daß sich die lokale Wetterlage durch orographische (gebirgsbedingte) Gegebenheiten ohnehin von der Großwetterlage deutlich unterscheiden kann. Daher sind durchschnittliche Aussagen über Temperatur, Bewölkung, Luftdruck, Regenhäufigkeit, Sonnenscheindauer usw. gerade in diesem Revier mit einer gewissen Unsicherheit behaftet. Nach dem Durchzug einer aktiven Kaltfront, heftigem Gewitter mit Regenfällen – was in der Nordadria weiß Gott keine Seltenheit ist – kann es zu ganz normalen Temperaturstürzen (10 °C oder auch mehr) kommen, die subjektiv fröstelnd wahrgenommen werden, obgleich die entsprechende Monatsdurchschnittstemperatur relativ hoch liegen kann. Daher nutzt es für die Einschätzung auch relativ wenig, daß an der dalmatinischen Küste Temperaturmaxima von 40 °C erreicht werden können und daß das Monatsmittel an der Südspitze Istriens im Juli bei 23,2 °C und im Januar bei 4,9 °C liegt, während die vergleichbaren Temperaturen in Hamburg, Berlin oder München im Sommer um rund 5 °C und im Winter um 7 °C niedriger liegen. Da sich das Meer in den Sommermonaten auf bis zu angenehme 24 °C erwärmt, ist es auch verständlich, daß, verglichen mit dem Frühjahr (Wassertemperatur 14 °C), der Herbst auch an Land die mildere Jahreszeit ist. Dem Schiffer sei zum Trost gesagt, daß sich längere Regenperioden selten einstellen, zumeist fällt der Niederschlag in kurzen, heftigen Schauern beim Durchgang einer Kaltfront. Schnee fällt an der Küste so gut wie nicht – jahresdurchschnittlich an fünf Tagen im Winterhalbjahr. Aber als Winterrevier eignet sich die Nordadria nicht.

Gewitter – dies wurde schon kurz erwähnt – sind im Sommer in der Nordadria jedoch sehr häufig. Zwischen Juni und September muß man im Durchschnitt mit fünf bis acht Tagen Gewitter pro Monat rechnen. Diese Häufigkeit entspricht etwa derjenigen in Deutschland – dem Autor kommt es aber subjektiv deutlich häufiger vor. Da sich Gewitter in der Regel schnell und unerwartet – wesentlich häufiger nachts als tagsüber – entwickeln, muß man recht wachsam ihnen gegenüber sein und rechtzeitig sowohl im Hafen als auch auf See Sicherungsmaßnahmen tref-

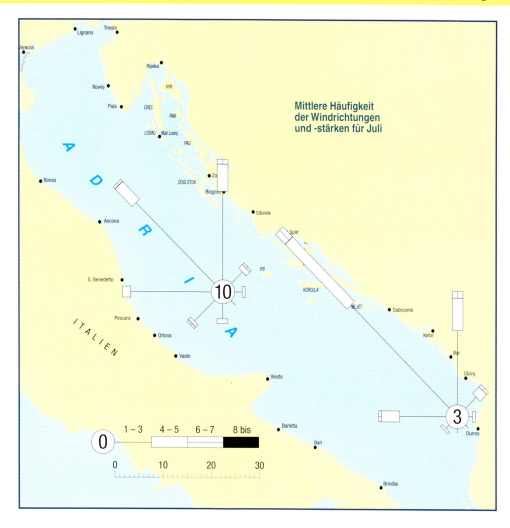

fen. Besonders unangenehm, darauf sei an dieser Stelle noch einmal hingewiesen, ist der mit einem Gewitter einhergehende Windwechsel um zuweilen rund 180 Grad. Die am Abend bei Wetterleuchten noch so angenehm stille Bucht mit dem leicht ablandig säuselnden Wind kann sich so innerhalb weniger Stunden des Nachts zum Hexenkessel mit auflandigen Sturmböen entwickeln.

Wind

Wer in der Adria von Wind spricht, meint meist die Bora. Dieser kalte, trockene Fallwind ist zwar das dramatischste, gewiß aber nicht das einzige Windereignis der Gegend. Sieht man sich das Relief der kroatischen Adriaküste einmal an, fällt auf, daß sie sich von Nordwest nach Südost erstreckt und fast auf der gesamten Länge von einem sich in der gleichen Richtung erstreckenden Gebirge eingerahmt wird. Schon von der Struktur her, die man der Landkarte entnehmen kann, wird man Windrichtungen aus Südost oder Nordwest erwarten – vollkommen zu Recht.

Bevor wir uns den Windrichtungen weiter nähern, schauen wir uns zunächst die Windstärken genauer an. Schwachwinde und Windstillen, d. h. Winde von 0 bis 3 Beaufort, sind am häufigsten. Sie umfassen im Jahresdurchschnitt fast 70 % aller Beobachtungen. Läßt man den Winter weg, bleiben für den Sommer sogar 80 % dieser Windstärken. Mäßiger Wind füllt im Sommer mit etwas weniger als 20 % praktisch den gesamten Rest. Starkwinde finden sich im Sommer so gut wie nicht, außer lokal begrenzt bei Gewittern. Stürme oder gar Orkane kommen ausschließlich im Winter vor.

Jedoch können Düsen, Ecken und Kanten, von denen es im Inselgewirr der nördlichen Adria ja eine ganze Menge gibt, den Wind lokal locker um 2 bis 3 Beaufort verstärken. Gerade die vielen Inseln, Berge und zum Teil schmalen Meeresarme sorgen dafür, daß auch die Windrichtungen auf kürzester Strecke stark von der dem Wetterbericht zu entnehmenden Hauptwindrichtung abweichen können – das gleiche gilt natürlich auch für die Windstärke. Die lokale Windbeobachtung ist in diesem Revier, wie in sonst kaum einem anderen, von großer Bedeutung. Im Extremfall können an mancher Stelle zwei Boote – alles schon gesehen – wie auf manchem Binnenrevier unter Spinnaker genau aufeinander zulaufen – bis sie beide ins Flautenloch fallen.

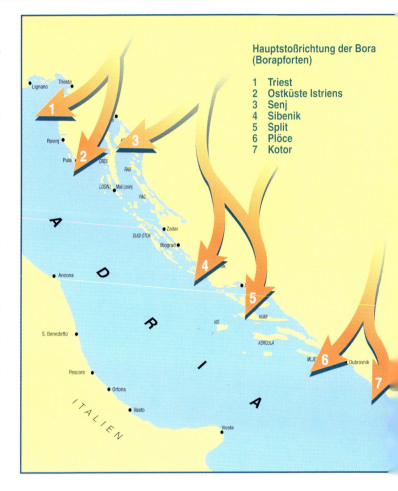

Hauptstoßrichtung der Bora (Borapforten)

1 Triest
2 Ostküste Istriens
3 Senj
4 Sibenik
5 Split
6 Plöce
7 Kotor

Der angenehme Schönwetterwind der Region, der Maestrale, setzt am späten Vormittag ein und steht bis Sonnenuntergang durch. Er entsteht aufgrund thermischer Wirkung. Das heißt während des Tages erwärmt sich die Oberfläche des Festlandes schneller als das Seewasser, und infolgedessen kommt es zu einer aufsteigenden Luftbewegung über dem Land und zu einer absinkenden Luftbewegung weit draußen auf der Adria. Das Gegenstück zu diesem Seewind ist der nächtliche Landwind, Burin genannt. Während der Maestrale im Norden der Adria zumeist aus Richtungen von West bis Nordwest weht, kommt der Burin eher aus dem nördlichen bis östlichen Quadranten. Das Ausbilden dieser sommerlichen Schönwetterwindlagen setzt aber eine durch keinen Frontaufzug oder sonstwie gestörte Wetterlage voraus.

Der warme, feuchte Wind aus südöstlicher Richtung heißt Jugo, mancherorts auch Scirocco genannt. Er entsteht zumeist, wenn ein atlantisches Tiefdruckgebiet bei der Straße von Gibraltar ins Mittelmeer geschlüpft ist und auf seiner Vorderseite kräftig warme Luft nach Norden schaufelt. Der Himmel ist bewölkt, bedeckt, die See in Folge der großen Windwirkstrecke längs des gesamten Adriaraums entsprechend hochgehend. Man muß allerdings sagen, daß es sich nicht um ein plötzlich eintretendes Ereignis handelt, wie z. B. bei der Bora, sondern daß Sichtverschlechterungen, langsam ansteigende Temperatur und zunehmende Feuchtigkeit es früh genug ankündigen. Auch die schon erwähnte Luftdruckverteilung im Mittelmeerraum läßt es frühzeitig erkennen.

Genau das ist es, was der **Bora** fehlt – ihre frühzeitige Erkennbarkeit. Die großräumige Luftdruckverteilung ist

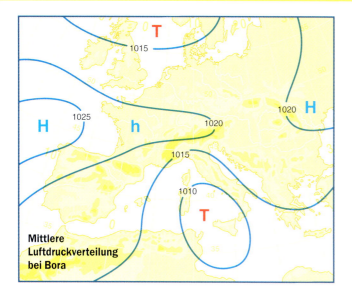

Mittlere Luftdruckverteilung bei Bora

Mittlere Luftdruckverteilung bei antizyklonaler Bora

leider kein besonders gutes Vorhersagemerkmal einsetzender Bora.

Die Bora kann in zwei verschiedenen Varianten vorkommen, der *zyklonalen* und der *antizyklonalen* Bora. In beiden Fällen muß hohem Druck über Mitteleuropa tiefer Druck über dem westlichen oder südlichen Mittelmeer gegenüberstehen. Je nachdem von welchem der Druckgebilde die Nordadria stärker betroffen ist, nennt man den entstehenden Boratyp zyklonal, also eher von dem Tiefdruckgebiet beeinflußt, oder antizyklonal, also eher von dem Hochdruckgebiet beeinflußt. Der antizyklonale Boratyp tritt überwiegend im Sommer auf. Die Luft ist dann meist klar, und man hat eine hervorragende Fernsicht.

Die zyklonale Bora ist regelmäßig eher ein Winter-, denn ein Sommerereignis.
Wenn sich ein Hochdruckgebiet über Mitteleuropa, z. B. eine Zunge des Azorenhochs nach Bayern, vorschiebt, über der Adria der Luftdruck aber normal oder eher tief ist, kann sich eine antizyklonale Bora ausbilden. Im Winter kann natürlich an die Stelle des Azorenhochkeils auch oder gerade das kontinentale russische Hoch bis an die Adriaküste vordringen, was die gleiche Wirkung hat.
Der zyklonale Typ entsteht, wenn ein starkes Tiefdruckgebiet im südlichen Teil der Adria oder noch weiter südlich festliegt oder durchzieht und die Nordadria in den Bereich seines Druckgefälles nördlich des Tiefkernes gerät. Der zyklonale Typ ist in der Regel gefährlicher als der antizyklonale und meist von kräftigen Sturmböen begleitet. In beiden Fällen muß kontinentale kalte bzw. kühlere Luft aufgestaut auf dem kroatischen Festland jenseits des Velebit-Gebirges lagern. Diese Kaltluft muß dann quasi über den Gebirgskamm bzw. durch Taleinschnitte (Borapforten) abfließen. Man darf sich diesen Vorgang ruhig wie fließendes Wasser vorstellen. Die kalte Luft fällt vom Gebirgskamm an der Westflanke oder durch Taleinschnitte hinunter, knallt voller Wucht auf die Wasseroberfläche und stiebt, Gischt mit sich reißend, in Richtung offene See. Ein solches Ereignis geschieht recht oft auf der Rückseite einer durchziehenden Kaltfront, auf die man deswegen besonders Acht geben muß.

Das günstigste, was man von der Bora sagen kann, ist, daß sie zumindest im Bereich der äußeren Inseln ablandig weht. Unmittelbar vor der Velebit-Küste, z. B. im Velebit-Kanal, ist sie hingegen ein Wind, der von oben herabfällt und ein Boot weniger auf die Seite legt als vielmehr platt auf das Wasser drückt. Schon deshalb ist der Velebit-Kanal kein besonders geeignetes Segelrevier. Auch die viel beschworene Wolkenmauer über den Kämmen des Velebit-Gebirges als sichres Anzei-

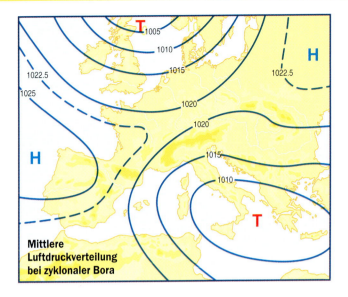

Mittlere Luftdruckverteilung bei zyklonaler Bora

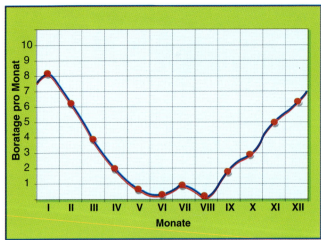

Quelle der Grafiken über die Druckverteilung bei Bora: Seewetter, erschienen beim DSV-Verlag, Hamburg

Boratage im Jahreslauf

chen für eine Bora ist letztlich nicht für eine zuverlässige Vorhersage geeignet. Es kommt sehr häufig vor, daß über dem Velebit-Gebirge Wolken stehen, ohne daß auch nur entfernt ein Bora-Ereignis eintritt, es kann aber auch durchaus eine Bora einsetzen, ohne daß vorher eine entsprechende Wolkenbildung zu beobachten war. Da es sich bei der Bora um ein sehr rasch einsetzendes Ereignis handelt, ist das Barometer als Frühindikator nicht geeignet. Da aber alles nicht so heiß gegessen wird, wie man es kocht, kann man auch den üblichen sommerlichen Bora-Ereignissen, die natürlich bei weitem nicht so heftig sind, wie sie im Winter sein können, durchaus begegnen. Die einfachste und wirkungsvollste Möglichkeit ist sicher diejenige, sich dort aufzuhalten, wo sie üblicherweise nicht weht oder nicht so stark weht, bzw. Gegenden, wo man auch im Sommer mit heftigen lokalen Windereignissen rechnen muß, zu meiden. Ich denke hier insbesondere an die berüchtigte Bora-Pforte von Senj in der Nähe von Rab und Krk, wo an weit über 200 Tagen im Jahr Bora von mehr als 6 Beaufort weht. Übel an der Bora ist auch ihr stark böiger Charakter. Man kann im Sommer aber auch einige Wochen in der Nordadria segeln, ohne auch nur ein einziges ernsthaftes Bora-Ereignis zu erleben. Aus Gründen der Vorsicht sollte man aber Häfen und Buchten in der Nordadria, die nach Ost oder Nordost offen sind, nach Möglichkeit meiden. Die beste Warnung vor einer Bora erhält man aus dem Wetterbericht – die eigene Beobachtung ist hier aus den genannten Gründen leider weniger sicher.

Was einem im Sommer aber nicht gelingen wird, ist, einem der zahlreichen lokalen Unwetter (Nevera) zu entrinnen. Meist treten sie als kurzzeitig wirkende Unwetterstürme mit Gewitter auf, die von fürchterlichen Regenfällen begleitet werden. Es sind typische sommerliche Ereignisse, die von Juni bis September anzutreffen sind. Die Nevera kann durchaus bei jeder erdenklichen Wetterlage einsetzen, sowohl bei heiterem, klarem und warmem Wetter als auch schon bei einer bestehenden Schlechtwetterlage. Leider werden derartige Gewitter auch von starken Böen aus schnell wechselnden Richtungen begleitet. Das beste an der Nevera ist – zumindest im Sommer –, daß sie nur von sehr kurzer Dauer ist und örtlich begrenzt auftritt. Als wichtige Vorzeichen einer Nevera dürfen sowohl Hitze und Schwüle sowie plötzlich einsetzender Barometerfall gelten. Wenn dann noch die gewittertypischen Cumulonimbus-Wolken auftauchen, womöglich abends von Wetterleuchten begleitet, darf man sich des Nachts auf übles Wetter einstellen.

Überhaupt scheint sich gerade in den letzten Jahren eine typische Sommerlage eingestellt zu haben, die ungefähr so abläuft: Am ersten Tag hat man strahlendschönes Wetter bei leichten Winden. Am nächsten Tag zieht fern im Süden eine Wolkenbank auf, es wird wärmer, die Sicht beginnt dunstig zu werden. Mit einsetzender Schwüle ist die Wolkenbank deutlich näher gekommen, der Wind weht aus südöstlicher Richtung. Abends setzt Wetterleuchten ein, des nachts heftiges Gewitter mit stürmischen Böen aus den verschiedensten Richtungen. Am nächsten Tag grau verhangener Himmel, leichter, manchmal auch schwerer Regen, später am Nachmittag reißt die Bewölkung im Westen jedoch auf, und es kündigt sich wieder strahlender Sonnenschein an. Gerade in Ankerbuchten muß man auf starke Windrichtungssprünge beim Durchzug einer gewittrigen Störung eingerichtet sein.

Gezeiten

Der Tidenhub nimmt in der Adria von Süd nach Nord deutlich bis auf knapp 1 m an der Westküste Istriens zu. Gleichwohl kann er praktisch völlig vernachlässigt werden. Unterschiedliche Höhen des Wasserstandes sind viel eher durch den Wind bedingt. So kann ein kräftiger Jugo den Wasserstand innerhalb der Buchten des Nordadriabereichs um bis zu 90 cm ansteigen lassen. Eine ablandig wehende, heftige Bora kann den Wasserstand aber ebenso um einen halben Meter senken.

Strömungen

Die Oberflächenströmungen sind schwach ausgeprägt. An der kroatischen Küste fließt das Wasser in der Regel von Nordwest in südöstliche Richtungen. Strömungen sind im allgemeinen aber so schwach, daß man sie lediglich vor Kaps mit vielleicht einem halben bis einem Knoten bemerken wird. Hiervon ausgenommen sind einige wenige Engstellen, z. B. der Kanal bei Osor zwischen Losinj und der Insel Cres, wo eine Strömung von bis zu 5 Knoten hindurchgurgeln kann.

Wassertemperaturen

Das Oberflächenwasser vor der nordadriatischen Küste liegt im Sommer bei angenehmen 22 bis 26 °C. Das Wasser erscheint an vielen Stellen besonders klar. Üblicherweise kann man vom Boot aus den Grund in einer Tiefe bis zu 10 m gut erkennen, und es ist nicht selten, daß felsiger Grund bei weitem näher erscheint, als er tatsächlich ist. Daher kommt dem Echolot in diesem Revier eine besondere Bedeutung zu.

4. Seewetterberichte

Mit dem Seewetterbericht macht man recht zwiespältige Erfahrungen. Gewiß ist das Abhören des Wetterberichtes auch im Sommer absolute Pflicht. Jedoch kommt es gerade im Inselgewirr der Nordadria auf die eigene Beobachtung an, denn der Seewetterbericht kann letztlich nur eine durchschnittliche Vorhersage für das gesamte Seegebiet geben, was er nicht leisten kann, ist, Windstärke und Richtung für jeden winzigen Abschnitt dieses abwechslungsreichen Reviers klar wiederzugeben. Das will nichts anderes besagen, als daß gerade in diesem reizvollen Revier die Kompliziertheit der Landschaftsstruktur zu örtlich sehr unterschiedlichen und von der allgemeinen Wetterlage durchaus abweichenden Wettergeschehen führen kann.

Für deutschsprachige Skipper liegt es nahe, den Seewetterbericht Mittelmeer der Deutschen Welle oder die Seewettermeldung des Österreichischen Rundfunks für das Mittelmeer abzuhören. Das ist im gesamten Bereich der Nordadria problemlos auf Kurzwelle möglich. Der Autor macht im übrigen keinen Hehl daraus, daß er mit dem Seewetterbericht der Deutschen Welle, Frequenz 6.075, 9.545 kHz, die besten Erfahrungen auch bezüglich der Treffsicherheit gemacht hat. Nimmt man zum Wetterbericht noch die eigene sorgfältige Beobachtung hinzu, braucht man unliebsame Überraschungen eigentlich nicht mehr zu befürchten.

Verläßt man sich bei den Wetterberichten auf die örtlichen Küstenfunkstellen und UKW, kann man an mancher Stelle in Sendeschatten geraten, d. h. dem Autor ist es nicht gelungen, in jeder abgelegenen Bucht einen geeigneten UKW-Sender abzuhören. Lediglich die italienische Marine läßt über Kanal 68 für alle italienischen Gewässer, aber eben auch für die adriatische Gegenküste, ein Tonband auf Italienisch und Englisch laufen, mit dem man einen groben Wetterüberblick erhalten kann. Die folgenden Wetterberichtsangaben beziehen sich auf das Jahr 1999:

Deutsche Welle
Frequenz 6.075, 9.545 kHz
Sendezeit in UTC montags bis samstags 15.55 Uhr (außerhalb der Sommerzeit 16.55 Uhr), sonntags 17.55 Uhr (außerhalb der Sommerzeit 18.55 Uhr).

Radio Österreich International
Frequenz 6.155, 13.730, 15.410, 17.870 kHz
Sendezeit in UTC ca. 5.45 Uhr
Frequenz 6.155, 9.880, 13.730 kHz
Sendezeit in UTC ca. 15.45 Uhr

Koper
Frequenz 1.170 kHz; 88,4 und 103,1 MHz
Sendezeit in UTC 5.30 Uhr, 8.30 Uhr, 12.30 Uhr vom 01.05. bis 30.09.

Ljubljana
Frequenz 918, 1.602 kHz; 88,6; 90,9; 92,5; 92,9; 94,1; 95,3; 98,1; 102 MHz
Sendezeit in UTC 4.35 Uhr, 7.50 Uhr werktags in der Zeit vom 30.05. bis 17.09.

Der kroatische Rundfunk sendet seinen Wetterbericht leider nur in kroatischer Sprache. Die aktuellen Sendezeiten und Frequenzen kann man dem Yachtfunkdienst Mittelmeer des Bundesamtes für Seeschiffahrt und Hydrographie entnehmen, der jedes Jahr aktualisiert wird. Daneben senden die kroatischen Küstenfunkstellen mehrmals täglich auf UKW Seewetterberichte auch in englischer Sprache:

Rijeka Radio
Kanal 24
Sendezeit in UTC 5.35 Uhr, 14.35 Uhr, 19.35 Uhr

Split Radio
Kanal 7, 21, 28
Sendezeit in UTC 5.45 Uhr, 12.45 Uhr, 19.45 Uhr

5. Navigation

Natürlich unterscheidet sich die Navigation in der Nordadria nicht prinzipiell von derjenigen in Nord- oder Ostsee. Auf einige Besonderheiten soll hier aber eingegangen werden.
Eine Betonnung wird man regelmäßig vergeblich suchen. Lediglich in größeren Häfen, wie z. B. in Zadar, kann man eine Betonnung ausmachen, die dann aber dem uns bekannten System aus heimatlichen Revieren entspricht.

Wenn man sommertags in küstennaher Fahrt dahinbummelt, ist man leicht geneigt, auf exakte Navigation zu verzichten. Auch das Mitkoppeln in der Seekarte kommt dann meist zu kurz. Hiervor kann nur eindringlich gewarnt werden. Zwar gibt es durchaus Stellen, wie z. B. vor der Südspitze Istriens, wo der Navigator nur einen Rundumblick werfen muß, um sofort seinen Standort zu erkennen. Bewegt man sich aber durch das Inselgewirr des Zadar-Archipels, wird einem die Positionsbestimmung – so widersinnig dies auf den ersten Blick klingen mag – auf diese Weise unmöglich gemacht. Es gibt keine charakteristischen festen Bezugspunkte im Hinterland, wie z. B. Berge, und das, was auf der Karte als klar auszumachende Insel erscheint, wirkt, von See aus betrachtet, wie ein einziger langer Gebirgszug. Ohne ordentliches Mitkoppeln in der Karte wird man die jeweils ausgewählte Ankerbucht vermutlich nicht erkennen und ist vor Überraschungen nicht gefeit. Zum Beispiel wird man Durchlässe zwischen zwei Inseln erst sehr spät als solche erkennen.

Ist man vom heimatlichen Tidenrevier gewöhnt, zur Positionsbestimmung sorgfältig Tonne für Tonne abzuhaken, kann man dieses System in der Nordadria zum Abhaken von Kaps, Buchten usw. umfunktionieren. Zumeist sind sie die deutlichsten Landmarken, die schnell auf ihre Übereinstimmung mit der Seekarte geprüft werden können. Auf diese Weise kann man durchaus die Navigationsarbeit auf ein erforderliches Minimum reduzieren, aber man darf nicht auf eine exakte Standortbestimmung vollständig verzichten.
Die vielen Inseln und Durchlässe zwischen den Inseln machen es auch notwendig, sich mit Kap- und Düseneffekten noch einmal genau zu beschäftigen. Wind kann in der Nordadria an mancher Stelle um 2 bis 3 Beaufort verstärkt werden und auch deutlich in seiner Richtung geändert werden. Es lohnt sich auf jeden Fall, bei jedem Törn derartige Windänderungen zuvor genau zu überdenken.
Die Küsten der vorgelagerten Inseln reichen zwar meist bis in den Nahbereich hinein, aber das ist nicht in allen

Fällen so. Von Nachtfahrten muß daher abgeraten werden. Es gibt doch zu viele Unterwasserfelsen und zu wenige Leuchtfeuer, als daß man zu Nachtfahrten im Inselgewirr der kroatischen Küste raten könnte – es sei denn, man kennt das Revier, in dem man sich bewegt, wie seine Westentasche.

Nur an wenigen Stellen muß man mit ausgelegten Fischnetzen rechnen, sie werden bevorzugt vor Kaps ins Meer gelegt. Sie liegen zwar zumeist tief genug unter der Wasseroberfläche, daß man sich nicht in ihnen verfangen kann, die unbefeuerten Schwimmkörper, die das Netz halten, sind aber in dunkler Nacht so gut wie nicht auszumachen.

6. Einreisebestimmungen und nützliche Informationen

Paß- und Visabestimmungen
Es genügt bei einem Aufenthalt bis zu 90 Tagen ein gültiger Reisepaß oder Personalausweis. Für das Kraftfahrzeug ist die Mitnahme der grünen Versicherungskarte obligatorisch.

Sprache
Überall in Kroatien wird man häufig mit Deutsch zurechtkommen. Wo das nicht möglich ist, wird es auch mit Englisch gehen. Ein kleines serbokroatisches Glossar mit Aussprachehilfe findet sich am Ende dieses Buches.

Schiffspapiere
Boote müssen beim Grenzübertritt lediglich mündlich deklariert werden. Sie beginnen erst beim Hafenamt des gewählten Ausgangshafens, Formalitäten zu verursachen. Alle Boote über 3 m Länge und solche, die mit einer Maschinenleistung von mehr als 4 kW ausgestattet sind, müssen bei einem kroatischen Hafenamt gemeldet werden. Bei der Anmeldung sind vorzulegen:

Personaldokumente der Besatzung
Crewliste
Internationaler Bootsschein vom Deutschen Segler-Verband, vom Deutschen Motoryachtverband oder vom ADAC ausgestellt bzw. Flaggenzertifikat des Bundesamtes für Seeschiffahrt und Hydrographie (BSH) in Hamburg (österreichische Skipper müssen den österreichischen Seebrief, Schweizer den Flaggenschein vorlegen).

Bootsführerschein für den Küsten- oder Seebereich, der deutsche Sportbootführerschein See wird anerkannt. Österreichische Skipper brauchen den Bewegungsnachweis für Küstenfahrt, Fahrbereich 2, und Schweizer Skipper den Führerschein für Yachten auf See.

Nachweis einer Bootshaftpflichtversicherung (blaue Versicherungskarte).

Die Anmeldebestätigung, die der Skipper daraufhin erhält, ist für ein Jahr gültig. Innerhalb dieser Periode kann beliebig oft über Land oder See ein- und ausgereist werden, ohne daß die Anmeldung ihre Gültigkeit einbüßt. Bei der Einreise über See müssen Yachten die übliche gelbe Flagge Q sowie die Nationale von Kroatien unter der Steuerbordsaling führen.

Zunächst muß ein sogenannter Port of entry angesteuert werden. Diese sind im Sommer:
Umag, Novigrad, Porec, Rovinj, Pula, Mali Lošinj, Zadar.

Beim Einklarieren werden all diejenigen Dokumente benötigt, die auch schon bei der Anmeldung aufgeführt wurden. Auf die gleiche Weise muß vor dem Verlassen der kroatischen Hoheitsgewässer ein entsprechender Port of entry zum Ausklarieren besucht werden.

Sicherheitsbestimmungen
Da in Deutschland keine einschlägigen Sicherheitsbestimmungen für Yachten gelten, wird das in Kroatien eigentlich geforderte Papier über die Fahr- und Seetüchtigkeit eines Bootes aufgrund der in Deutschland ausgestellten Bootsdokumente (gilt auch für Österreich und die Schweiz) als erfüllt angesehen. Welche Sicherheitsausrüstung als Minimum zu betrachten ist, darüber gehen die Meinungen auseinander. Ein guter Anhaltspunkt sind aber die Sicherheitsrichtlinien der Kreu-

zerabteilung des Deutschen Segler-Verbandes, Hamburg, und die Ausrüstungsliste der Vereinigung Deutscher Yachtcharterunternehmen (VDC) in Köln.

Geld und Geldwechsel

Kreditkarten, Euroschecks und Reiseschecks werden bei jeder Bank und Wechselstube (auch in den Marinabüros) akzeptiert. Euroschecks werden bis zu einem Höchstbetrag von 1.500 Kuna (10 Kuna ~ 3 DM) angenommen. Beim Geldwechsel oder beim Einlösen von Euroschecks ist meist der Personalausweis oder der Reisepaß vorzulegen!

Funkgeräte

Festinstallierte Seefunkstellen, die mit Genehmigung der Behörden des Heimatlandes des Schiffes betrieben werden, sind zulässig. Voraussetzung ist natürlich, daß der Betreiber ein UKW-Sprechfunkzeugnis bzw. das Betriebszeugnis für Funker I besitzt.

Telefon

Von Telefonzellen kann man mit speziellen Münzen (zeton) oder Telefonkarten (telefonska karta), die in Postämtern, Tabakgeschäften und an Zeitungsständen verkauft werden, telefonieren. Die Vorwahlnummern von Kroatien aus lauten:

Deutschland	9949
Österreich	9943
Schweiz	9941

Dann folgt die Städtevorwahl ohne die Null und anschließend die Rufnummer.

Telefonieren mit einem deutschen Mobiltelefon ist im D1- und D2-Netz möglich. Eventuell mitgeführte Geräte sollten an der Grenze mündlich deklariert werden. Es kommt recht häufig vor, daß gerade an der äußeren Inselreihe nicht überall Abdeckung besteht bzw. das Handy zwar am Netz ist, die Sendeleistung des Handys aber für das Aufrechterhalten einer Verbindung nicht ausreicht. Daß ein Mobiltelefon an Bord kein Ersatz für ein UKW-Seefunkgerät sein kann, da Küstenfunkstellen nur auf internationalen Seefunkfrequenzen hörbereit sind, sei nur noch einmal der guten Ordnung halber wiederholt.

Festmachen

In der Nordadria, wie überall im Mittelmeer, wird römisch-katholisch festgemacht, d. h. entweder mit Bug oder mit Heck zur Pier. Das Liegen im Päckchen ist allenthalben verpönt.
In Marinas ist das Ausbringen des eigenen Ankers nicht gestattet. Ausgelegte Muringleinen sind zu benutzen.

Bojenfelder

In immer mehr Buchten findet man zum Teil ausgedehnte Bojenfelder, zumindest im Sommer, vor. Gerade die reizvollsten Buchten und Liegeplätze sind mittlerweile in dieser Weise bewirtschaftet und organisiert. Diese – offiziell organisierte Ankerplätze genannt – sind entgeltpflichtig übrigens auch dann, wenn man vor eigenem Ankergeschirr in der Nähe der Ankerbojen ankert. Die Gebühren für die Ankerfeldnutzung setzen sich zusammen aus einer offiziell festgesetzten Gebühr von zur Zeit 4 Kuna pro Meter Bootslänge, pro Übernachtung und einer pro Person berechneten Kurtaxe, die je nach Jahreszeit und auch je nach Ort zwischen ungefähr 2 und 6 Kuna pro Person schwanken kann. Die offizielle Begründung für das Einrichten der Ankerplätze ist der Umweltschutz. Wegen des Schutzes vor der Alge Caulerpa Taxipholia, deutsch auch „Killeralge" genannt, die angeblich durch Bootsanker Verbreitung findet, aber auch wegen der Sicherheit der Ankerlieger. Fiskalische Überlegungen sind in die offizielle Begründung jedenfalls nicht eingeflossen. Hier mag sich jeder seinen Teil denken.
Die zumeist abends mit kleinen Motor- oder Ruderbooten vorbeikommenden Kassierer sind übrigens verpflichtet, Müllsäcke von Bord der Ankerlieger mitzunehmen und an Land ordnungsgemäß zu deponieren. Sie sprechen einen in der Regel nicht von sich aus auf diesen Service an, man sollte aber davon regen Gebrauch machen.
Das Grundgewicht hat übrigens 700 kg Masse und festgemacht wird nicht am oberen Auge der orangefarbenen Boje, sondern an einem Metallring an der Unterseite der Bojen. Die Hafenverwaltung lehnt übrigens jede Garantie für die Funktionsfähigkeit des Grundgeschirrs und die Sicherheit des Ankerliegers ab. Es kann also nicht schaden, das Grundgewicht und die Verbin-

dung zwischen ihm und der Yacht kurz mit der Taucherbrille zu inspizieren, um unliebsamen Überraschungen vorzubeugen.

Seenotrettung
Die kroatischen Küstenfunkstellen Rijeka-Radio, Split-Radio und Dubrovnik-Radio sind über UKW-Kanal 16 rund um die Uhr empfangs- und sprechbereit. Die jeweiligen Arbeitskanäle werden nach der Kontaktaufnahme mitgeteilt. Die Verkehrssprache ist Englisch. Gegebenenfalls können die Marinas über UKW-Kanal 17 und die Hafenämter auf Kanal 10 gerufen werden. Es gelten die üblichen Regeln für Funkanrufe auf UKW-Kanal 16 bzw. über DSC.

Tauchen
Tauchen mit Geräten ist in kroatischen Küstengewässern genehmigungspflichtig. Die Taucherlaubnis ist bei den Hafenämtern zu beantragen. Sie kann für ein Jahr erteilt werden. Das Bergen von Amphoren ist strengstens untersagt. Taucher sind verpflichtet, durch eine rote Boje mit einem Mindestdurchmesser von 30 cm im Zentrum ihres Tauchgebietes oder durch Setzen der Taucherflagge bzw. der Flagge A des internationalen Signalalphabets ihre Position kenntlich zu machen. Für die Erteilung der Tauchgenehmigung ist die Vorlage eines Taucherbefähigungsnachweises erforderlich. Die im Heimatland des Tauchers anerkannten Zeugnisse werden auch in Kroatien akzeptiert. In geschützten Reservaten, wie z. B. dem Limski-Kanal oder den Brioni-Inseln, ist Tauchen verboten. Das gilt natürlich auch für Gewässer, soweit sie Ankerplätze, Hafenzufahrten usw. darstellen. Daß das Tauchen in der Nähe von Militärgebäuden und Kriegsschiffen zu unterbleiben hat, bedarf kaum der Erwähnung. Ausführliche Informationen über die jeweils geltenden Sperrgebiete – die sich auch zeitlich ändern können – sind bei den Hafenämtern zu erhalten.

Hafengebühren
Die Liegegebühren sind ein heikles Thema. Pauschal vorweg gesagt – sie sind in Kroatien nicht billig. In privaten Marinas werden grundsätzlich Gebühren verlangt, die von Hafen zu Hafen wenig unterschiedlich sind. 1998 kostete z. B. ein 10-m-Boot im Normalfall (Hauptsaison) rund 50 bis 70 DM – umgerechnet pro Nacht. Außerhalb von Marinas wird in vielen Ankerbuchten offiziell ein amtliches Hafengeld erhoben. Dies betrug 1998 für ein 10-m-Boot, festgemacht an einer ausgelegten Muringtonne, rund 15 DM pro Nacht. Inbegriffen war hierin der Abtransport des Schiffsmülls – die Hauptbegründung für die Erhebung der Gebühren. Natürlich können diese Angaben nur Anhaltswerte sein, da sie einer ständigen Veränderung unterliegen. Wichtig zu wissen ist nur, daß mittlerweile praktisch alle geeigneten Ankerplätze auf die eine oder andere Weise gebührentechnisch bewirtschaftet sind. Es wäre daher sicherlich eine sehr romantische Vorstellung, seinen Segelurlaub „gebührenfrei" verbringen zu wollen.

Tankstellen
Bootstankstellen gibt es nicht in allen Häfen. Die Treibstoffversorgung will durchaus gut geplant sein. Wo sich Tankstellen befinden, ist im Text bei den jeweiligen Häfen vermerkt. Hier ihre Auflistung: Umag, Novigrad, Porec, Rovinj, Pula, Marina Veruda, Mali Lošinj, Sukošan, Zadar, Rab, Krk, Opatija, Marina Cres.

Info
Allgemeine Informationen erhält man über die kroatische Zentrale für Tourismus,
Rumfordstraße 7, 80469 München,
Tel. 089/223344, Fax 089/223377,
Karlsruher Straße 18/VIII, 60329 Frankfurt/Main,
Tel. 069/252045, Fax 069/252054,
Burggasse 23, 1070 Wien, Tel. 0222/5226428,
Fax 0222/5226427
Beckenhofstraße 10, 8035 Zürich, Tel. 01361/3127, Fax 01362/1439

Diplomatische Vertretungen
Deutschland
Ulica Grada Vukovara 64, 10000 Zagreb,
Tel. 01/6158105, Fax 01/6158103
Schweiz
Bogoviceva 3, 10000 Zagreb,
Tel. 01/421573, Fax 01/425995
Österreich
Smartinska, 10000 Zagreb,
Tel. 01/273392, Fax 01/424065

I. Westküste Istriens

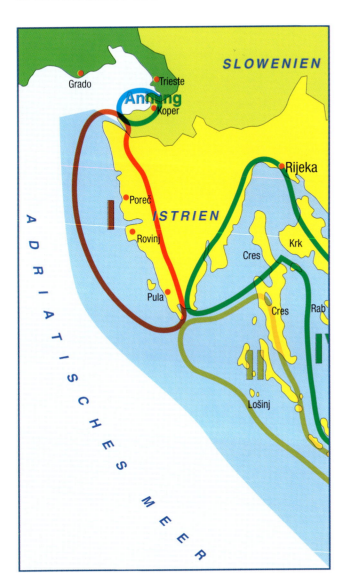
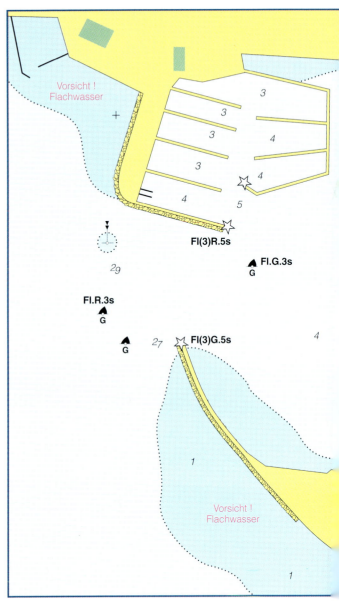

Fünf Seemeilen südlich der Bucht von Portoroz, der Grenze zu Slowenien, liegt die Marina

Umag (45°26'N 13°32'E)

im nördlichen Teil einer flachen Bucht (rund 4,5 m Wassertiefe) gegenüber der malerischen Altstadt.

Ansteuerung:

Das Hinterland ist flach und ohne deutliche Landmarken. Am besten erkenntlich ist Umag an seinem weit ins Meer hinausgebauten Wellenbrecher und dem Campanile der Altstadt, der deutlich nördlich des Zement-Industriekomplexes rund 1 Meile weiter südlich auszumachen ist.

Umag

Tankstelle befindet sich außerhalb der eigentlichen Marina im Scheitelpunkt der Bucht (INA-Tankstelle blau-gelb gestrichen). Bedauerlicherweise ist sie von kleinen Fischerbooten manchmal dicht belegt.

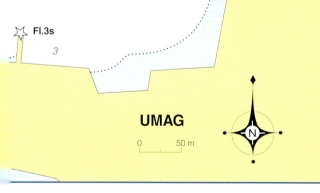

Marina Umag

Liegeplätze:

Die Marina bietet guten Schutz und an 550 Liegeplätzen Raum für Yachten jedes Größenzuschnitts. Motor- und Segelyachten teilen sich den Platz je zur Hälfte. Einlaufend Backbord befindet sich die Marina. Der alte Hafenteil Umags, der der Marina quasi gegenüberliegt, ist kleinen offenen Fischerbooten vorbehalten. Eine

I. Westküste Istriens

Nur 8 Seemeilen weiter südlich entlang der recht ungegliederten, flachen, pinienbestandenen Küste liegt die Marina

Novigrad (45° 19'N 13° 34'E).

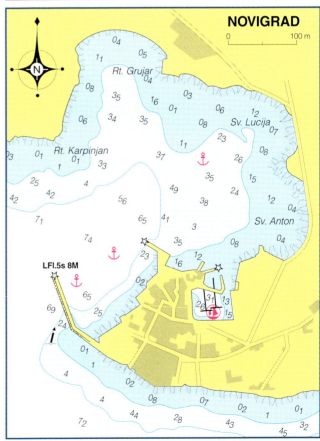

Versorgung:
Auf einer netten Strandpromenade kann man von der Marina bis in den Ort Umag (rund 20 Min.) zu Fuß gehen. Neben den üblichen Serviceeinrichtungen einer luxuriösen Marina befindet sich innerhalb des Hafenareals ein wirklich ausgezeichnetes Restaurant, das ein außergewöhnliches Angebot bereithält. Für den Fan von Bandnudeln mit Trüffeln ein absolutes Muß.

Novigrad

Sie ist ein bei allen Winden und auch höherem Seegang sicherer Liegeplatz.

Ansteuerung:
Allerdings ist bei der Ansteuerung in Folge der geringen Wassertiefen Vorsicht geboten. Die Marina ist – nicht gerade häufig in dieser Gegend – mit dem Ort eng verwachsen. Eigentlich ist sie der alte Ortshafen, der lediglich zum Sportboothafen ausgebaut wurde. Als Landmarke dient der hübsche Campanile der Stadtkirche bei der Ansteuerung der weiträumigen und tief eingeschnittenen Bucht. Am Ende der Bucht laufen wir auf den Werftbereich der Marina zu, vor dem wir scharf Steuerbord direkt in das eigentliche Hafenbecken abknicken.

I. Westküste Istriens

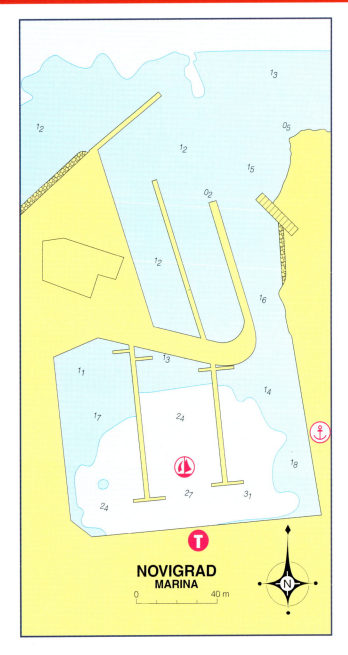

Schiffe, die die Marina nicht anlaufen können oder wollen, gibt es eine Liegeplatzalternative. Unmittelbar vor dem schon erwähnten Campanile ist ein Wellenbrecher weit in die Bucht hinausgebaut. Ist nun die Marina übervoll oder aus welchen Gründen auch immer nicht anzulaufen, kann man vor dem Stadtkern am äußeren Ende dieses Wellenbrechers festmachen oder zwischen dieser Mole und der Marina ankern. Die Schwimmzonen für Badegäste sind mit weißen Bojenreihen abgetrennt.

Versorgung:
Eine Tankstelle, gleichermaßen für Boote wie für Automobile geeignet, befindet sich an der äußersten Innenseite des Hafenbeckens zur Stadt orientiert. Lebensmittel erhält man dicht nahebei im Ort.

Touristik:
Bei einem Rundgang durch die kleine Gemeinde fallen – vom Hafen kommend rechter Hand – einige alte Mauerreste auf. Hier zeigt sich, daß Novigrads Stadtmauer zum Teil noch bruchstückhaft vorhanden ist. Halten wir uns rechter Hand hangaufwärts, treffen wir nach wenigen Metern auf die Überreste einer Zisterne von 1496, die schon von der Ornamentierung her ihren venezianischen Ursprung nicht verleugnen kann. Nach weiteren rund 80 m halten wir uns links und treffen auf den Palacio Rigo aus der Mitte des 18. Jahrhunderts. Heute be-

Liegeplätze:
Der einzige Nachteil der Marina ist in ihrem beschränkten Platzangebot zu sehen. Es gibt nur 86 Liegeplätze für Yachten, deren Tiefgang 1,5 m nicht überschreiten sollte. Die Zufahrt zur Marina neigt zur Versandung. Für

Außenmole Novigrad

herbergt der venezianische Stadtpalast eine Kunstgalerie, wie man überhaupt in der kleinen Straße, an der dieser Palast liegt, eine Menge Kunsthändler entdecken kann, mit mehr oder weniger interessantem Angebot. Im großen und ganzen ist von der Klassik aber nicht übermäßig viel geblieben, der Ort ist heute doch stark touristisch geprägt. Wenige Meter weiter treffen wir auf den Hauptplatz. Linker Hand sehen wir das Rathaus und rechts den Ortscampanile. Interessant ist die Bronzeskulptur des Schutzengels der venezianischen Kaufleute auf dem Kirchturm. Der Glockenturm – obgleich altertümlich wirkend – wurde erst 1883 im klassischen Stil errichtet. Die Basilika neben dem Campanile stammt ursprünglich aus dem 6. Jahrhundert, ist aber vollkommen umgestaltet und Ende des 19. Jahrhunderts praktisch neu errichtet worden. Einige nette Restaurants laden hier am Platz zur Rast ein.

Weitere 8 Meilen südlich befindet sich der Hafen von

Poreč (45° 14'n 13° 36'E).

Campanile von Novigrad

I. Westküste Istriens

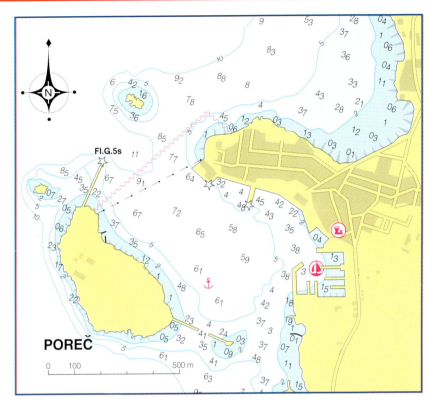

Ansteuerung:
Recht malerisch, auf einer Landzunge ins Meer hinausreichend, ist der Ort gut auszumachen. Das Inselchen Sveti Nicola, auf dem sich außer einem Hotelkomplex nur noch grüne Kiefern en masse befinden, schützt Hafen und Bucht vor westlichem Wind und Seegang.

Liegeplätze:
Im Windschatten der Insel bieten sich Ankerplätze, wenn auch auf schlecht haltendem, steinigem Grund, an. Relativ nah am Stadtzentrum liegt die kleine Marina. Für durchreisende Boote ist lediglich der Bereich vor der Tankstelle bzw. an der Innenseite der Außenmole oder am ersten Steg brauchbar, weiter nach Innen wird der Hafen deutlich flacher. Das Hafenbecken ist zwar meist dicht an dicht belegt, aber auch für durchreisende Boote wird der eine oder andere Platz vorzugsweise an der Außenmole frei sein. Am Hafen bieten fliegende Händler, in der Saison jedenfalls, allerlei Waren an, vom T-Shirt über Badesandalen bis hin zu sonsti-

gem Ramsch. Besonders malerisch wirkt die alte Häuserfront an der Nordseite der Bucht. Auffällig ist auch auf der vorgelagerten Insel der moderne, aber in die Landschaft hübsch eingefügte Hotelkomplex. Vor dem Ortskern befindet sich eine palmengesäumte Uferpro-

Poreč

Basilika

Touristik:

Poreč ist touristisch stark frequentiert und erschlossen. Interessant wirkt das Restaurant in dem alten Hafenfestungsturm hinter der Uferpromenade. Vor dem Turm, parallel zur Promenade, quasi nur in der „zweiten Reihe", befindet sich eine hübsche Restaurantzeile mit einem Flanierweg, der von schattenspendenden Bäumen eingerahmt wird. Kleine schmale, verwinkelte Gäßchen führen immer wieder in die Altstadt. Sie sind nicht asphaltiert, sondern mit Kalksteinquadern ausgelegt, denen man die jahrhundertelange Benutzung deutlich ansieht. Die Gäßchen sind außerdem nicht breiter als für Eselskarren geeignet. Wenn man von dem alten Festungsturm ein kleines abknickendes Gäßchen geht, trifft man auf die Via San Mauro, benannt nach einem Märtyrer aus dem 3. nachchristlichen Jahrhundert, der in Porec Bischof war. Diesem gepflasterten Sträßchen kann man durch die gesamte Länge der Altstadt folgen. Noch weiter parallel zu dieser Via San Mauro läuft die ehemalige römische Hauptverbindung, der Decumanus. Hier kann man einige venezianische Barockpaläste sehen, deren Fassaden noch halbwegs erhalten sind. Dazu gehört der Palaca Sincic. Ein kleiner Abstecher zur Basilika San Euphra-

menade. Vor der alten Strandpromenade liegen im übrigen die Boote der Berufsfischer, die hier manchmal auch an ihren Netzen arbeiten, also keine Anlegestelle für Yachten. Diese können aber an dem kleinen Außenmolenstummel im Ostteil längsseits gehen.

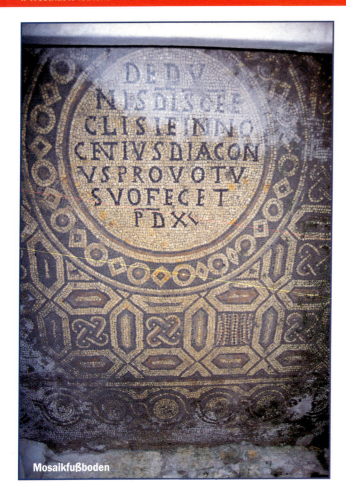

Mosaikfußboden

Wenige Meilen weiter südlich treffen wir auf das mittelalterliche Städtchen Vrsar. Der kleine Hafen, ohne ernstzunehmende Anlegemöglichkeit, ist durch die vorgelagerte Insel Sveti Juaraj gegen West und Südwest recht gut abgeschirmt. Wer das nette alte Städtchen besuchen möchte, kann im Nordteil der Bucht auf 5 bis 10 m Wassertiefe ankern.

Limski-Kanal

Weitere 8 Meilen südlich, vorbei am **Limski-Kanal** – ein tief in die Landschaft eingeschnittener Fjord, der aber wegen seiner Austernbänke nicht befahren werden darf –, gelangen wir nach

sius lohnt. Die Euphrasius-Basilika ist die Kirche unter dem aufwendigen Campanile mit dem sechseckigen Dachstuhl, den wir schon von der Ansteuerung her kennen. Dort findet man noch eine Menge antiker Baureste. In der Basilika (neben dem Eingang zur Kirche auf der linken Seite) befindet sich eine Karte, von der der Interessierte noch Details entnehmen kann. Tritt man in die Kirche, kann man unmittelbar hinter dem Eingang auf der linken wie auf der rechten Seite die Überreste eines relativ gut erhaltenen römischen Mosaikfußbodens sehen. Das Mosaik ist auf das 4. nachchristliche Jahrhundert datiert.

Im alten Stadthaus links neben der Basilika befindet sich in einem ruhigen, schön gelegenen Innenhof das empfehlenswerte Restaurant „Marconi".

Rovinj (45° 05'N 13° 38'E)

der Perle der istrischen Küste.

Ansteuerung:
Als deutliche Ansteuerungsmarken dienen der Campanile der Ortskirche und das vorgelagerte Inselchen Sveti Katarina. Die Ostspitze von Sveti Katarina ist unrein, man beachte die dort ausliegende Tonne!

Liegeplätze:
Die Marina befindet sich eine halbe Meile weit südlich des Innenstadtbereichs. Der Stadthafen ist für durchreisende Yachten nicht geeignet, da mit flachgehenden Fischerbooten zumeist randvoll belegt. Die Marina bie-

Limski-Kanal

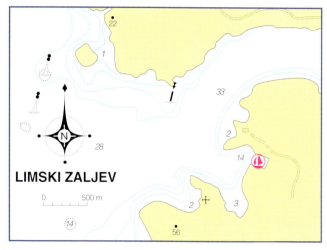
LIMSKI ZALJEV

tet allen erwarteten Komfort, nur eine Tankstelle wird man vergeblich suchen. Neben dieser ACI-Marina gibt es zwar – wie schon erwähnt – noch den Haupthafen von Rovinj , er ist aber für durchreisende Boote ungeeignet, da vollbelegt im Außenteil mit Berufsfischern.

Versorgung:
Von der ACI-Marina geht man rund 80 m stadteinwärts und folgt dann einer Straße, die den Berg rechts aufwärts führt, nach rund 100 m, d. h. die zweite abzweigende Straße, dort wo Zebrastreifen markiert sind, folgt man der Straße wiederum nach rechts abknickend und trifft nach weiteren 100 m auf einen dreieckigen Platz, der in der Mitte begrünt ist.

Auf der linken Seite findet sich ein großer, gut sortierter und vor allem preiswerter Supermarkt.

I. Westküste Istriens

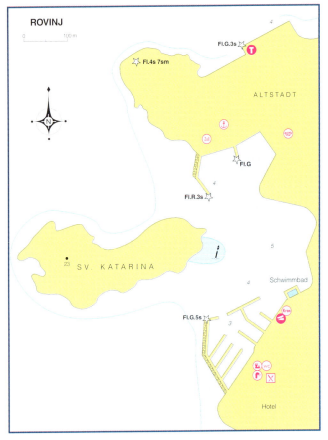

Touristik:
Hoch auf dem Stadthügel thront weithin sichtbar und als Ansteuerungsmarke bestens geeignet, der Campanile von Rovinj. Dicht an dicht schmiegen sich in der Altstadt die Häuser an den Hügel und wirken mit ihren rot gedeckten Ziegeldächern wie aus einer anderen Zeit. Beachtung verdient am Platz *Marschall Tito* der Uhrturm des Hafens. Vom Uhrturm durch das barocke

Tor gehen wir eine gepflasterte schmale Straße immer weiter bergan. In dem engen, dunklen Straßengewirr (immer bergauf) werden die Gassen manchmal so schmal, daß kaum zwei Menschen nebeneinander passen. Nach ca. 10 Minuten stehen wir vor der Basilika der hl. Euphemia, zu der der Campanile gehört. So grazil der Kirchturm von weitem wirkt, so wuchtig und abweisend ist die Erscheinung des Kirchenschiffs. Dicht an dicht mit Naturstein gemauert und zumeist ohne Fenster, wirkt das ganze Schiff eher wie eine Festung denn wie eine Kirche. Von innen ist die Kirche reinster Barock, wenn auch in einer etwas schlichteren Ausführung. Vom Kirchenvorplatz hat man einen wunderschönen Ausblick über die Bucht und die Marina. Der Altstadt gegenüber am Fuße eines dicht bewaldeten Hügels liegt die ACI-Marina. Auffallend sind die hoch aufragenden Zypressen am Fuße des Berges nahe dem Hotelkomplex, der oberhalb der Marina gebaut wurde. Die Atmosphäre von Rovinj ist ganz außergewöhnlich. Es ist der „italienischste" Hafen an der dalmatinischen Küste. Straßencafés und buntes Leben, wohin man sieht, und der Löwe von San Marco auf dem Hafenturm zeugt davon, wie lange dieser Küstenstrich italienisch war.

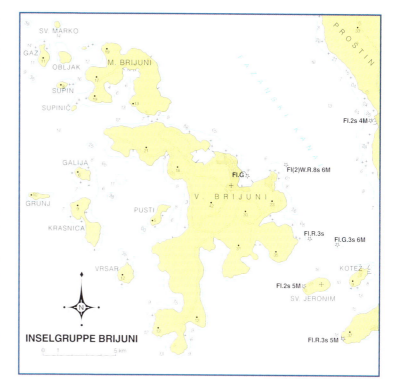

Auf dem Weg entlang der schwach gegliederten Küste in Richtung Süden treffen wir nach rund 10 Meilen auf den **Nationalpark Brijuni**. Im Zentrum des National-

I. Westküste Istriens

parks liegen die Brijuni-Inseln, bestehend aus Veli Brijuni und Mali Brijuni sowie noch acht kleineren Inselchen und unzähligen Klippen. Das Gebiet rund um die Inseln ist Sperrgebiet, und es ist Seglern verboten, das Areal der Inseln anzusteuern mit einer Ausnahme – es darf im Hafen der Insel Brijuni angelegt werden. Aber nicht nur, daß die Liegegebühren exorbitant hoch sind – unabhängig von der Schiffsgröße werden in den Hauptsaisonmonaten Juli und August umgerechnet rund 150 DM für die Übernachtung fällig. Hinzu kommen die Kosten für die obligatorische Inselbesichtigung (rund 30 DM pro Person) und – dergleichen hat der Autor noch nie erlebt – es darf nur eine Person an Bord als Schiffswache übernachten, sämtliche weiteren Crewmitglieder sind verpflichtet, im ortsansässigen Luxushotel zu nächtigen mit entsprechenden zusätzlichen Kosten. Will man die Insel unbedingt besichtigen, ist es geradezu angeraten, das Boot in der Marina Pula zu lassen und mit einem der Tagesausflugsschiffe auf die Brijuni-Inseln zu fahren.

Während der Zeit Titos waren die Inseln übrigens ausschließlich dem Marschall und hochrangigen ausländischen Staatsgästen als Refugium vorbehalten. Das allein macht wohl auch heute noch den Reiz der Inseln aus, einen vernünftigen Grund, sie zu besuchen, kann der Autor jedenfalls nicht erkennen.

Dicht südlich der Brijuni-Inselgruppe liegt die Einfahrt in den Hafenfjord von

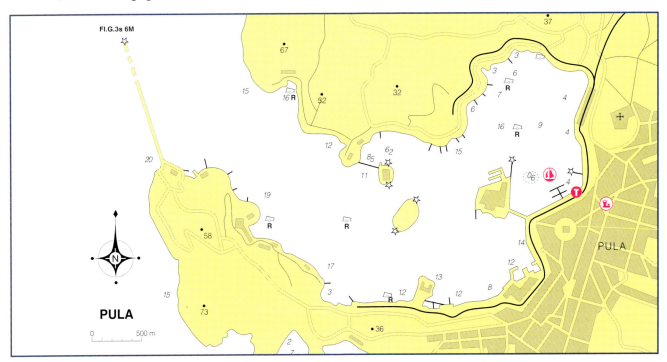

Pula

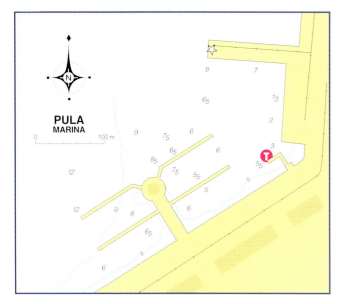

Pula (44° 53'N 13° 50'E).

Ansteuerung:
Die Einfahrt ist recht gut an dem weit in die Bucht hineingebauten Wellenbrecher auszumachen, der in seinem äußeren Teil teilweise zerstört ist! Vorbei an den Festungsinselchen Katarina und Andria, die die Zufahrt zu der strategisch wichtigen Bucht sichern, geht es um das Halbinselchen Uljanic herum zur Marina Pula, die an ihrem auffälligen zentralen Rundbau klar auszumachen ist. Linker Hand schräg dahinter wird man auch die faszinierenden Ruinen des römischen Amphitheaters entdecken.

Liegeplätze:
Die Marina bietet 200 Liegeplätze für Yachten bis 25 m Länge an modernen Schwimmstegen und die üblichen Serviceleistungen.

I. Westküste Istriens

Versorgung:
Eine Tankstelle befindet sich im äußersten Osten des Hafenbeckens an einer kleinen Pier. Vom Hafen aus gesehen schräg hinter dem Amphitheater, kann man auch einige kleine Lebensmittelgeschäfte für die Deckung des Bordbedarfs ausfindig machen.

Touristik:
Heute ist Pula mit seinen 65.000 Einwohnern der größte Ort Istriens. Pula ist damit immer noch das eigentliche Zentrum der Halbinsel.

Wir dürfen auch nicht vergessen, daß Mitte des 19. Jahrhunderts Pula zum bedeutendsten Kriegshafen der Donaumonarchie wurde und damals einen wichtigen Militärstützpunkt darstellte.

Die Sehenswürdigkeiten liegen im Bereich der Altstadt und stammen aus der römischen Blütezeit im 1. nachchristlichen Jahrhundert. Die Hauptattraktion ist zweifellos das Amphitheater, immerhin das fünftgrößte römische Theater der Welt und dem Kolosseum in Rom an Imposanz in nichts nachstehend. Beeindruckend ist vor allem, daß die Fassade, wenn auch ausgehöhlt und fensterlos, so doch recht gut erhalten geblieben ist. Wenn wir die Marina verlassen und uns an der Uferstraße links halten, kommen wir nach 100 m rechter Hand an einen grünen Park, den Marschall-Tito-Park. Durchqueren wir diesen Park, gelangen wir nach 200

Rathausplatz Pula

Küste vor Pula

bis 300 m an das mächtige römische Amphitheater. Heute es, insbesondere natürlich im Sommer, für Musik- und Tanzdarbietungen genutzt. Vom Amphitheater aus Richtung Südosten kann man auch einen Rundgang durch die Altstadt machen. Das Stadtbild ist heute durch eine von Platanen gesäumte Flaniermeile geprägt, die direkt in den Stadtkern führt. Dort, insbesondere am Rathausplatz, finden sich Straßencafés vor römischen Tempeln und Säulenfragmenten. Insgesamt sind die antiken Bauwerke schön in die Stadt integriert und alles macht einen äußerst lebendigen und überhaupt nicht musealen Eindruck.

Nur 2 Meilen südlich der Einsteuerung nach Pula liegt die Marina

Veruda (44° 50'N 13° 50'E).

Ansteuerung:

Am Ende eines langen, tief in das Land eingeschnittenen Hafenkanals liegt diese große Marina. Sie ist als Charterausgangsbasis sehr bekannt.
Die Einfahrt zur Marina Veruda ist gar nicht so einfach zu finden, es fehlt an einer klar definierten Landmarke. Am besten geeignet erscheint noch der Baukomplex

I. Westküste Istriens

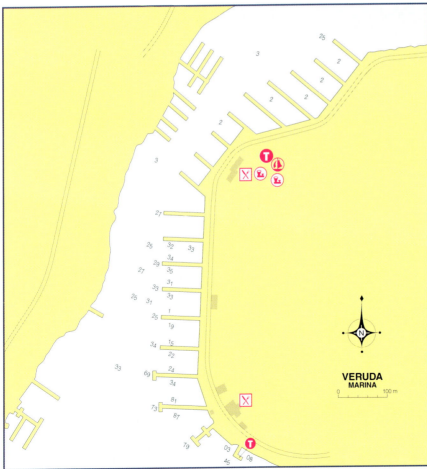

VERUDA MARINA

dicht nördlich der Hafeneinfahrt und die weiter hinten in der Bucht stehenden, mehrgeschossigen Wohnblöcke. Wenn man den langen Hafenschlauch passiert hat, trifft man am Ende, wo es langsam enger und flacher wird, auf die Marina.

Liegeplätze:
Sie bietet Liegeplätze, die vor allen Winden und zudem auch vor Seegang geschützt sind. Lediglich an den ersten Stegen kann sich Schwell aus Süden bzw. starker Wind aus dieser Richtung, der in der Bucht kabbelige See aufwirft, bemerkbar machen. Die Marina bietet 630 Liegeplätze für Schiffe praktisch jeder Größe. Die Wassertiefen an den Liegeplätzen sind allerdings recht unterschiedlich. An den hinteren, geschützteren Liegeplätzen darf man überall mit 3,5 m Wassertiefe rechnen.

Versorgung:
Ein Supermarkt befindet sich ebenso auf dem Marinagelände wie eini-

Veruda

Leuchtturm Porer

ge nette Restaurants. Die Tankstelle liegt außerhalb des eigentlichen Hafenkomplexes und ist starken Winden aus Süd oder West leider recht ungeschützt ausgesetzt. An der Außenseite der Tankstellenpier darf mit 4 m Wassertiefe gerechnet werden.

Will man seine Fahrt von hier Richtung Kvarner Bucht fortsetzen, rundet man die Südspitze Istriens am besten außerhalb des Leuchtfeuers Porer. Man darf dieses nicht mit dem Leuchtfeuer von Plic Albanez verwechseln, welches 2 Meilen Süd-Südost von Porer liegt.

Zwischen dem Leuchtfeuer von Porer und dem Festland kann man zwar hindurchfahren, wenn man auf einige Untiefen achtet, aber die Wassertiefen im Paß nehmen rasch auf knapp 7 m ab. Und einige Klippen reichen bis dicht unter die Wasseroberfläche. Da der Paß nicht bezeichnet ist, sollte der Ortsunkundige lieber das Leuchtfeuer Porer seewärts passieren.

Geld und Marderhäute

Haben Sie sich schon einmal gefragt, wieso die heutige kroatische Währung Kuna heißt? Kuna bedeutet im Kroatischen soviel wie Marder. Kann man mit Mardern Rechnungen bezahlen? In der Tat, man kann – oder besser gesagt, man konnte. Im Mittelalter war der Pelz des weißen Marders eine begehrte Handelsware. Die Inseln Krk und besonders Cres waren bekannt für ihre Marderbestände und das Fell des weißen Marders war ein wichtiger und vor allem wertvoller Exportartikel der Inseln. So ist überliefert, daß am Anfang des 11. Jahrhunderts die Städte Cres und Beli auf der langgestreckten Cres-Insel ihren Jahrestribut an Venedig in Marderfellen zu zahlen hatten. Für Beli war eine Steuer von 15 Fellen und für die Stadt Cres, die praktisch für alle übrigen Gemeinden der Insel mitbezahlte, von 40 Fellen pro Jahr festgesetzt. Damals hatten sich Marderfelle tatsächlich als Zahlungsmittel in Kroatien eingebürgert, und deshalb heißt die kroatische Währung heute Kuna.

II. Die äußeren Inseln – Cres bis Iž

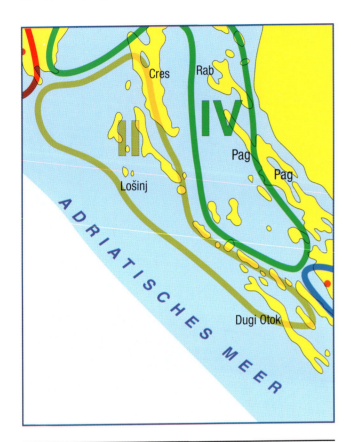

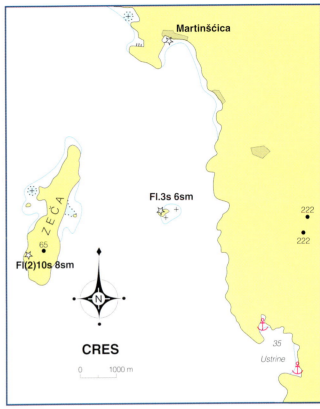

Martinšcica (44° 49'N 14° 21'E)

Ansteuerung:
Hält man von der Südspitze Istriens Ostkurs, erreicht man nach rund 15 Meilen die langgestreckte Insel Cres. Sie wirkt schon auf geraume Distanz wie eine hohe Mauer und die ihr vorgelagerte, rund 2 Meilen lange, unbewohnte Insel Zeča wird man – flach und unscheinbar wie sie ist – erst recht spät als eigene Insel und nicht als Teil ihrer größeren Schwester Cres ausmachen. Im Schutz der Insel Zeca und im Nordscheitel einer leicht in die Insel Cres eingeschnittenen Bucht liegt Martinšcica. Im übrigen wird man Martinšcica, von West kommend, sehr leicht und schon auf geraume Distanz an den hellen Appartementhäusern, die sich an die Felswand schmiegen, erkennen. Später wird man dann die hellen Klippen mit der Halbinsel Kijac erkennen, die die Bucht von Martinšcica gegen die See abriegelt. Von weitem kann man diese leicht hell aufleuchtenden Kalkfelsen für eine vorgelagerte Insel halten – sie sind es aber nicht.

Liegeplätze:
Der Ort hat einen netten Hafen, der gegen Nordwest bis Ost auch recht geschützt ist. Man kann einlaufend Steuerbord an der Pier mit Buganker und Heckleine festmachen. An der Spitze der Pier darf man mit 3 m Wassertiefe rechnen. Man kann aber auch einlaufend Backbord sich an der dortigen Pier festlegen. An ihrem Ende ist ebenfalls mit ca. 3 m Wassertiefe zu rechnen. Etwa 50 m nördlich der Pier finden sich vorgelagert ei-

Bucht von Ustrine

Martinscica

nige Unterwasserhindernisse, die Ostmole ist zum Überliegen geeigneter. Das Ankern in der Bucht ist möglich, soweit es der Platz zuläßt.

Versorgung:
Besondere Sehenswürdigkeiten hat der Ort nicht zu bieten, man kann aber das Notwendigste an Lebensmitteln bekommen. Einige nette Restaurants liegen am Hafen.

Von der Martinšcica-Bucht hält man sich südlich, vorbei an dem Inselchen Visoci Richtung Lošinj. Den hohen Gebirgszug dieser Insel, der im Nordteil 600 m steil aufragt, kann man schon von weitem erkennen. Etwa 5 Meilen südlich von Martinšcica befindet sich die tief eingeschnittene

Bucht von Ustrine
(44° 45'N 14° 24'E).

In ihrem Zentrum bietet sie keine ankergerechten Tiefen, aber man kann in

II. Die äußeren Inseln – Cres bis Iž

Bucht von Ustrine

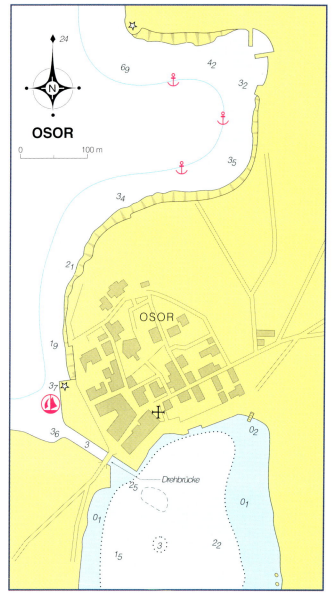

ihrem Nord- oder Südzipfel auf 4 bis 8 m Kiesgrund ordentlich ankern, wobei der Nordzipfel, wenn der Wind einem die Wahl läßt, die günstigere Alternative ist. Man liegt hier vor einer steilen Bergkulisse, abgelegen und ohne jede Versorgung, aber landschaftlich reizvoll.

Hält man sich von Ustrine aus 2 Meilen weiter südwärts, trifft man auf

Osor (44° 42'N 14° 24'E).

Ansteuerung:
An der schmalsten und niedrigsten Verbindungsstelle zwischen den Inseln Cres und Lošinj liegt der Ort. An dieser Stelle hat man einen künstlichen Durchstich zwischen den beiden Inseln vorgenommen. Die Brücke über den Kanal wird zweimal am Tag (9 und 17 Uhr) geöffnet. Der Wasserweg kann von Booten bis 3 m Tiefgang befahren werden. Die Durchfahrtshöhe der Drehbrücke in geschlossenem Zustand beträgt nur knapp 1,5 m.

Liegeplätze:
Festmachen kann man in Osor nur für kurze Zeit an der Pier mit dem roten Leuchtfeuer, wenn man das Boot beobachtet, aber üblicherweise ist diese Pier für den Fährverkehr reserviert. Das auch nur kurzzeitige Festmachen im Kanal ist nicht gestattet, wird aber außerhalb der Brückenöffnungszeiten in der Regel augenzwinkernd geduldet, wenn das Boot bemannt und jederzeit ablegebereit ist.

Die nordöstlich gelegene kleine Bucht, an der sich auch ein Campingplatz befindet, eignet sich nur be-

Kanal von Osor

dingt zum Ankern. Das Wasser ist bis dicht an das Ufer sehr tief (15 bis 20 m). Es gibt nur die Möglichkeit, an einer geeigneten Stelle an der abfallenden Kante den Buganker zu werfen und mit einer Heckleine dicht unter Land festzumachen. Gegen Bora ist der Schutz dicht unter Land aber gut. Die in den Seekarten eingezeichneten Ankersymbole, auch was die Bucht genau

Bucht von Radiboj
(44° 42'N 14° 22,8'E),

wo man auf Sandgrund mit Felsen durchsetzt bei einer Wassertiefe von 4 m ordentlich ankern kann. Es empfiehlt sich, auch eine Heckleine zum Land auszubringen. Gegen Winde aus dem nördlichen Quadranten ist die Bucht aber ungeschützt!

auf der gegenüberliegenden Seite angeht, sind allenfalls etwas für Großschiffe. Für Yachten ist der Grund einfach zu tief (stellenweise 20 bis 30 m).

Touristik:
Osor ist die älteste Stadt auf Cres und Lošinj. Man kann sich heute kaum vorstellen, daß zu römischer Zeit Osor eine regelrechte Kapitale, eine Hauptstadt, war. Vermutlich geht der Kanal, den wir heute noch nutzen können, auf die vor den Römern hier siedelnden Liburner zurück, spätestens jedoch, das ist nicht ganz gesichert, haben die Römer den 11 m breiten Kanal angelegt. Nach römischen Quellen soll die Stadt damals 20.000 Einwohner gezählt haben – heute leben hier kaum noch 100 Menschen. Teile der Stadtmauer sind noch fragmentartig erhalten.

Nachdem im 15. und 16. Jahrhundert die Inselverwaltung und vor allen Dingen die Bischöfe Osor verließen und die Blütezeit des Ortes Cres auf der gleichnamigen Insel begann, verlor Osor Stück für Stück von seiner einstigen Bedeutung.

Heute ist der Ort mit seinen kopfsteingepflasterten Gassen und seinen vielen blühenden Büschen – vorwiegend Oleander – ein verträumtes Nest an der Nahtstelle zwischen Cres und Lošinj. Lediglich der wuchtige Turm der Marienkathedrale erinnert noch ein bißchen an den Glanz der frühen Tage.

Bei Winden aus dem südlichen Quadranten empfiehlt sich die 1,5 Seemeilen weiter westlich gelegene

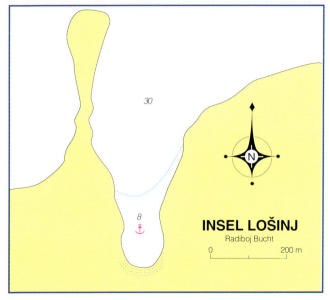

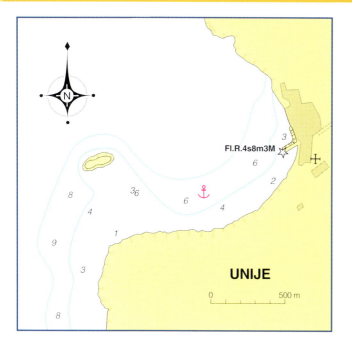

Ungefähr 5 Meilen westlich der Nordspitze der Insel Lošinj liegt die Insel

Unije (44° 38'N 14° 15'E).

Ansteuerung:
Ihre Nordspitze fällt steil ins Meer ab. Sie wirkt aus der Ferne langgestreckt und grün von Macchie bewachsen. Auf der Westseite der Insel liegt vor dem gleichnamigen Dorf eine hübsche Ankerbucht. Hat man Unijes Nordspitze weiträumig gerundet – weiträumig deshalb, weil einige Unterwasserfelsen der Küste bis auf 800 m vorgelagert sind -, erreicht man nach 3 Meilen auf Südostkurs die Einsteuerung zu der Bucht. Der Kirchturm und die Kapelle auf dem Hügel nordöstlich des Ortes können als gute Landmarke bezeichnet werden. Die Einfahrt ist nachts befeuert. Auf ihrer Südseite läuft die Bucht recht flach aus, das Ufer ist zum Teil mit Schilf bewachsen und wirkt auf diese Weise untypisch nordeuropäisch.

Beim Ein- und Auslaufen empfiehlt es sich übrigens, nördlich der kleinen Felsenklippe Skoljic zu bleiben. Man kann zwar auch zwischen der kleinen Insel und dem Festland hindurchgehen, sollte dieses Risiko nach

Möglichkeit aber meiden, da südlich der kleinen Insel einige Riffe unter Wasser vorgelagert sind.

Liegeplätze:
Das Wasser, glasklar zumeist, zeigt anhand seiner türkisfarbenen Verfärbung schon die günstigen Ankermöglichkeiten an, die man dicht unter Land auf der Süd- und Südostseite der Bucht vorfindet. Nicht geeig-

net ist die Ankerbucht natürlich bei Winden aus Südwest bis Nordwest. Hier muß man mit hoch aufgeworfenem Seegang dank der langen Windwirkstrecke über die Adria rechnen. Die Mole des Ortes sollte für den Fährbetrieb freigehalten werden. Die Wassertiefen an ihrem äußersten Ende liegen bei 4 bis 5 m. Kurzfristiges Überliegen ist möglich.

Versorgung:
Der Ort macht einen ruhigen, zurückgezogenen Eindruck. Aus Sicherheitsgründen empfiehlt es sich (obwohl ein Laden vorhanden ist), nicht auf Verproviantierung angewiesen zu sein.

Neun Meilen südlich der Insel Unije liegt

Susak (44° 31'N 14° 18'E).

Ansteuerung:
Häufig wird Susak als atypische „Sandinsel" bezeichnet. Dies mag aber in die Irre führen. Von fern sieht sie durchaus wie ein komplexer Felsbrocken aus, der, Lošinj weit vorgelagert, in der Adria liegt. Wenn wir uns der Insel nähern, täuschen ihre steil abfallenden Ränder eine Höhe vor, welche die Insel mit ihren knapp 100 m in Wahrheit gar nicht hat. Sie wirkt recht imposant. Als Ansteuerungsmarke dient der Kirchturm des Ortes von fern, und in der Nahansteuerung wird man sehr schnell den helleren Sandstrand ausmachen können.

Liegeplätze:
Der Ankerplatz vor dem gleichnamigen Ort liegt auf der Ostseite der Insel und kann bei stärkeren Winden aus dem östlichen bis nördlichen Quadranten nicht angelaufen werden. Der kleine Hafen unterhalb des Ortes kann nicht guten Gewissens empfohlen werden. Er ist üblicherweise mit Ausflugsschiffen von der Insel Lošinj voll belegt. Als Alternative bietet sich der vielleicht 4 Kabellängen östlich gelegene Ankerplatz vor einem auffälligen Badestrand an. Auf türkisfarbenem Wasser liegt man – günstige Windverhältnisse vorausgesetzt – in landschaftlich sehr hübscher Umgebung. Gut geschützt ist die Bucht vor allen Winden aus dem westlichen und südlichen Quadranten.

Insel Susak

Hafen Susak

Versorgung:
Die Versorgungsmöglichkeiten auf Susak sind nicht besonders gut. Es gibt aber einen Supermarkt am Hafen.

Touristik:
Die Insel wird tagsüber stark von Ausflugsbooten aus Lošinj besucht. Wenn diese abends zurückfahren, fällt die Insel aber in einen Dornröschenschlaf, man fühlt sich sehr abgelegen. Vom Ankerplatz aus kann man noch sehr schön sehen, wie die Insel einstmals landwirtschaftlich intensiv genutzt gewesen sein muß – viele aufgelassene Terrassen, die von ehemals fruchtbarem Feldbau zeugen, ziehen sich an den Hängen nördlich und südlich hinauf. Man gewinnt den Eindruck, daß jeder Quadratmeter der Insel zumindest früher intensiv landwirtschaftlich genutzt wurde. Heute ist der Tourismus die wichtigste Erwerbsquelle des Eilands.

Geologisch gesehen, ist die Insel ein ausgeprägtes Unikum. Sie besteht, im Gegensatz zu den Kalkbergzügen der Umgebung, aus Sand. Man darf sie sich allerdings nicht wie die klassischen Ost- und Nordfriesischen Inseln vorstellen, sondern es handelt sich um verfestigte tertiäre Sande, die eine Konsistenz aufweisen, welche etwa dem Kalksandstein entspricht.

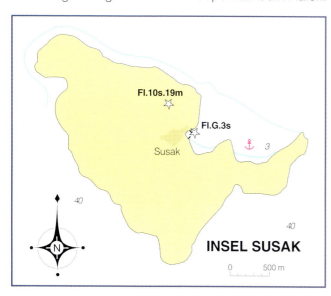
INSEL SUSAK

Als Baustoff für den Ort waren die in Susak gebrochenen Steine jedenfalls nicht geeignet – jeder auf der Insel verbaute Steinblock ist vom Festland herangeschafft worden.

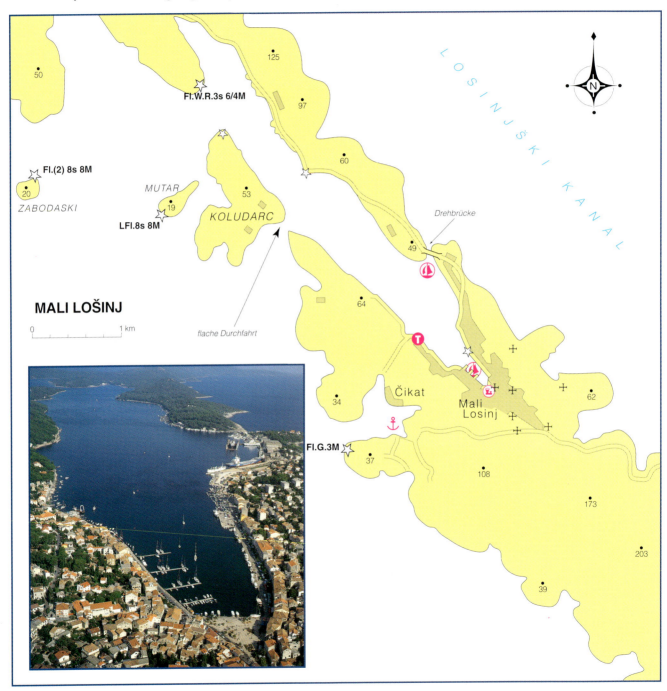

Hält man sich von Susak 7 Meilen auf Ostkurs, läuft man genau in die Einfahrt von

Mali Lošinj (44° 32'N 14° 28'E).

gesäumten Hafenschlauch mit seinem tiefen, dunkelblauen Wasser. Nach etwa 2 Meilen kann man auf der Backbordseite die Marina Mali Lošinj erkennen. Unmittelbar südöstlich angrenzend befinden sich einige in-

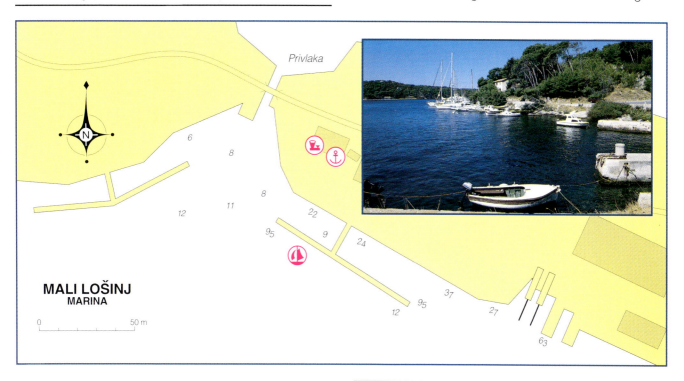

Ansteuerung:

Von weitem kann die vorgelagerte Insel Zabodaski als Ansteuerungsmarke dienen; desgleichen die doch auffälligen Berge Tovar und Tovarcic, die unmittelbar hinter der Einfahrt liegen. Da die vorgelagerten Inselchen aber relativ flach wirken, ist ein wenig Geduld angesagt. Hat man das Inselchen Zabodaski nahezu erreicht, fallen auch die befeuerten Türme rechts und links der Einfahrt in den langen, fjordartigen Hafenschlauch auf. Die die Einfahrt begrenzenden Leuchtfeuer sind auf Turmsockeln angebracht, grün für die Steuerbord-, rot für die Backbordseite. Da die Wassertiefen überall ausreichen und die Ufer relativ rein sind, spielt es keine Rolle, ob man die Einfahrt nördlich der Insel Zabodaski oder südlich von ihr wählt. Unmittelbar hinter der Einfahrt knickt man hart Steuerbord ab und hält geradlinig durch den von Kiefern und Pinien dicht

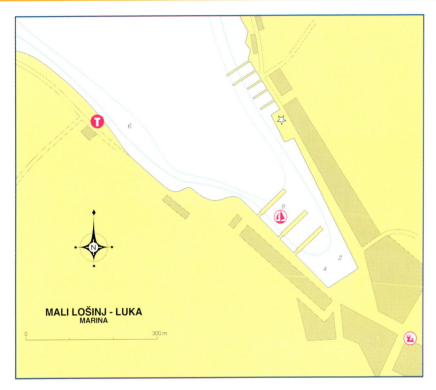

9 und einmal um 18 Uhr freigegeben wird, liegt die Marina. Sie bietet den üblichen Komfort.

Eine knappe Meile tiefer hinein in den Fjord, mitten im Ort Mali Lošinj, treffen wir auf den alten Hafen, in dem jetzt auch drei bewirtschaftete Schwimmstege ausgelegt sind, die etwa 2,5 m Wassertiefe aufweisen. Der Vorteil dieser Anlage liegt natürlich in ihrer Stadtnähe, sie ist mitten in die Stadt hineingebaut.

Hieraus mag aber auch der Nachteil resultieren, daß es manchmal bis spät abends relativ laut zugeht.

An der Nordostseite des Hafenbeckens muß die Kaimauer für die gewerbliche Schiffahrt freigehalten werden. Zumeist liegen hier Ausflugsschiffe, die tagsüber Badegäste in die nahegelegenen Buchten oder zu den Inseln Unije und Susak bringen.

Versorgung:

An der Kaje kann man nur kurzzeitig überliegen, wenn die Ausflugsschiffe ausgelaufen sind und man sich in dem nahegelegenen Supermarkt vielleicht verproviantieren möchte. Der ACI-Marina gegenüber, etwa 2 Kabellängen nordwestlich der Schwimmstege im alten Hafen, befindet sich die Tankstelle. Sie hat eine eigene Pier mit etwa 3 m Wassertiefe.

Besonders interessant sind die am Ende des alten Hafens festgemachten kleinen Motorbarkassen, die als schwimmender Gemüsemarkt dienen – eine Einrichtung, wie man sie in Europa höchst selten findet.

Wenn man am Ende des Hafenschlauchs 50 m landeinwärts der Straße den Berg hinauf folgt, findet sich auf der rechten Seite eine Markthalle und unmittelbar dahinter zwei große Lebensmittelgeschäfte.

dustrielle Hafenanlagen, an denen man sich auch recht gut orientieren kann.

Liegeplätze:

Rechts und links eines schmalen Kanals (Wassertiefe 3 m), dessen Durchfahrt (Straßenbrücke) einmal um

Touristik:

Heute nur noch schwer nachvollziehbar, war Mali Lošinj lange Zeit das Tor zur Welt für die Handelsverbindungen der Donaumonarchie. Die Stadt verdankt ihre Blüte daher auch zunächst der Schiffahrt. Der Fremdenverkehr kam erst später als wichtige Lebensgrundlage hinzu. Um 1850 war Mali Lošinj wegen der dort ansässigen Schiffswerften und der auf ihnen gebauten Segelschiffe berühmt. Es ist unvergessen, daß Kapitän Antun Busanic aus Mali Lošinj mit der „Joachimb" als erster unter österreichischer Flagge im Jahre 1843 das Kap der Guten Hoffnung umsegelt hat. Bereits ein gutes halbes Jahrhundert zuvor hatte der Ort eine nautische Schule, die Mitte des 19. Jahrhunderts verstaatlicht wurde – als Seemannsschule existiert sie noch heute. Seinen Wohstand verdankte der Ort insbesondere dem Hartweizentransport aus Häfen des Schwarzen Meeres nach Mittel- und Westeuropa. Die Frachtsegler-Flotte von Mali Lošinj bestand damals aus 130 Überseeschiffen mit einer Gesamttonnage von mehr als

60.000 BRT. Als dann das Dampfschiff den Segler zu verdrängen begann, drohte der Insel Lošinj ein wirtschaftlicher Niedergang. Er konnte durch die Entdeckung des Tourismus verhindert werden. Viele der besonders hübschen Villen des Ortes stammen noch aus jenen Tagen.

Vom Ende des Hafens 50 m über den Platz hinüber linker Hand in die Gasse, sehen wir eine kleine Kapelle (Innenausstattung Barock und sehr auffälliger orthodoxer Stil – z. B. die ewigen Lichter neben dem Altar und die von der Ikonenmalerei geprägte Kreuzwegdarstellung). Von hier aus kann man den engen Altstadtgäßchen immer aufwärts folgen, bis man auf eine breitere Straße gelangt, die, ebenfalls mit Stein gepflastert, rechts zum Kirchplatz führt. Von der Kirche aus hat man leider keinen Ausblick auf den Hafen. Folgt man dem gepflasterten Treppenweg, der außerhalb der Kirchenumfriedung verläuft, gelangt man nach wenigen Metern an die Überreste einer alten venezianischen Festung. Diese ist heute aber dank der Graffitimalereien

eher als Jugendtreff der angrenzenden Neubausiedlung zu verstehen. Restauriert ist hier nichts. Leider hat man von dort oben auch keinen Ausblick auf den Hafen.

Die engen, zumeist mit Stein gepflasterten Altstadtgäßchen mit ihren angrenzenden Gartenanlagen, wo Bougainvillea, Oleander usw. ihre Blütenpracht verbreiten, lohnen indes den Besuch. Die von hohen Mauern umfriedeten Gäßchen spenden auch bei sommerlicher Gluthitze Kühle und Frische.

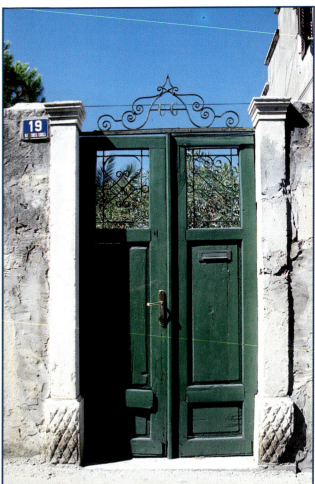

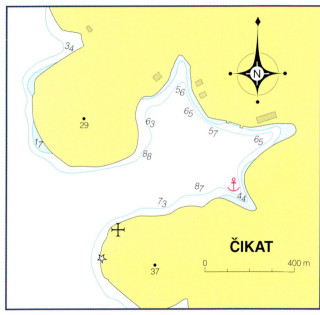

Vom alten Stadthafen kann man an der Südwestseite der Bucht, der Straße folgend einen schönen Abstecher nach Cicat machen (20 Min. zu Fuß). Man folgt der Küstenstraße auch dann, wenn diese sich nach 100 m links den Berg hinauf schlängelt. Auf der jenseitigen Bergseite kann man über Trampelpfade zur Bucht von **Cicat** die wenigen Schritte hinabsteigen. Auf dem Weg über den Hügel von Mali Lošinj nach Cicat wandert man durch Zypressenwald. Die Bucht liegt äußerst malerisch und ist tief in die Insel eingeschnitten. Zu Füßen

Als Ankerplatz kommt der nordwestliche Teil der Bucht in Frage, der kleinere Zipfel vor den Gründerzeithotels ist dazu zu eng.

Rund um die Bucht von Cicat kann man auf einem eben angelegten Spazierweg eine nette kleine Wanderung unternehmen. Man hat immer wieder Ausblick auf die Bucht und die gegenüberliegende Insel Susak. Hier beginnt man zu verstehen, warum dieser idyllisch gelegene Ort zur Jahrhundertwende zum bekannten Badeort aufstieg. Das türkisfarbene Wasser der Bucht, an der sowohl Aleppokiefern als auch echte Pinien wachsen, gibt dem ganzen

von vier kleineren Hotels, die am Ende des 19. Jahrhunderts entstanden sind und dem typischen Stil der Gründerzeit entsprechen. Hier wurde übrigens die erste meteorologische Station der Insel aufgestellt. Ein Denkmal im Scheitelpunkt der Bucht und daneben die immer noch benutzte Wetterstation weisen darauf hin. Das Denkmal stellt den Gründer dieser Station dar.

ein fast schon klischeehaft anmutendes Mittelmeerambiente. Am Ende des Weges, neben einer Kapelle aus dem Jahre 1858, befindet sich ein Strandlokal, in dem man Rast machen kann, mit einem schönen Ausblick auf die vorgelagerten Inseln.

Der Insel Lošinj südlich vorgelagert finden sich zwei nette Inselchen, nämlich **Ilovik**, auch die Blumeninsel genannt, und ihr gegenüber das kleinere Inselchen **Sveti Petar**.

Zunächst halten wir uns aber wieder aus dem Hafenschlauch von Mali Lošinj hinaus, wie wir gekommen sind. Die verlockende Abkürzung durch den Prolaz Most lassen wir sicherheitshalber im wahrsten Sinne des Wortes links liegen. Zwar darf man in dem Wasserweg mit 1,5 bis 2 m Wassertiefe rechnen, aber diese Angaben sind unsicher, und die Passage kann nur von flachgehenden Motorbooten sicher bewältigt werden – auch wenn sie konkret verlockt und uns einen Umweg von 2 Meilen erspart hätte.

Der Ankerplatz vor

Sveti Petar (44° 28'N 14° 33'E)

ist ein gegen nahezu alle Winde gut geschützter Ort, um sicher zu liegen.

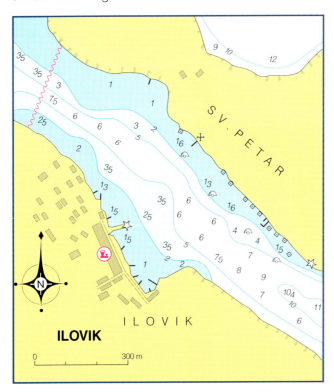

Ansteuerung:
Als Orientierung können die Reste der Benediktiner-Abtei Sanktus Petrus, besser noch der Festungsturm auf der Insel Sveti Petar, dienen.

Ein flacher Kanal trennt die beiden Inseln. Er ist an seinem zumeist türkis leuchtenden Wasser, was den nahen Untergrund anzeigt, gut zu erkennen. In der Mitte darf man mit etwa 6 m Wassertiefe rechnen. Die Tiefen nehmen zu den Rändern aber rasch auf rund 1,5 m in Ufernähe ab.

Liegeplätze:
Auf der Ostseite des Kanals, also unmittelbar entlang der Insel Sveti Petar, sind Festmachebojen ausgelegt. Die Liegeplätze sind um so geschützter, je weiter man sich in Richtung des Festungsturms legt. In der Regel ist der Liegeplatz sehr geschützt, lediglich bei hochgehender See – zumeist also bei Jugolage – kann Schwell in die Bucht stehen. Vor heftigen Winden aus dem östlichen Quadranten liegt man indes gut. Den Verkehr zur Insel Ilovik kann man bestens mit dem Dingi erledigen.

Touristik:
Sveti Petar ist mit Macchie dicht bewachsen, und es duftet mediterran würzig. Am besten landet man dort an, wo der alte Festungsturm gegen die Uskoken zu sehen ist, er steht unmittelbar am Wasser. Von hier aus führt ein Pfad auf halbe Höhe den Berg hinauf. Von hier oben hat man einen wunderhübschen Ausblick auf die gegenüberliegende Insel Ilovic und den Kanal zwischen den Inseln. Man kann auch am Wasser entlang auf einem Trampelpfad gehen. Er empfiehlt sich jedoch nicht. Zum einen ist er sehr eng bewachsen und zum anderen – leider – mit Müll übersät.

Ilovik (44° 28'N 14° 33'E)

Ansteuerung:
Man kann gegenüber im kleinen Hafen oder in der Nähe des Fähranlegers festmachen.

Liegeplätze:
Der kleine Hafen an der Südgrenze des Ortes ist übrigens nicht geeignet – mit weniger als 1 m ist er zu flach.

Sveti Petar

Sveti Petar

An der Südseite der Fährmole kann man mit eigenem Buganker und der Heckleine festmachen. Die Wassertiefen betragen am Ende des Molenkopfs etwa 4 m und weiter einwärts 2 bis 2,5 m. Die Nordseite der Mole muß unbedingt für den Fährverkehr frei gehalten werden. Das gilt im übrigen auch für das flache Fahrwasser zwischen den Inseln. Ankern vor eigenem Geschirr ist hier nicht angeraten. Die Fähre kann in dem flachen Wasser des Kanals nur sehr schwer manövrieren.

Versorgung:
Die Versorgungslage sieht nicht besonders gut aus. Es gibt ein kleines Lebensmittelgeschäft, in dem man den notwendigen Bedarf decken kann. Wasser gibt es am Ortsbrunnen vor dem Kirchplatz (hygienisch aber fragwürdig).

Touristik:
Der Ort Ilovic mit seinem kleinen Kirchturm ist äußerst beschaulich – Autoverkehr gibt es nicht. Die einzigen Fortbewegungsmittel motorisierter Art sind kleine Traktoren – und von diesen gibt es auch nur sehr wenige. Ilovic ist ein bei Yachttouristen sehr beliebter Ort. Nicht umsonst wird die Insel „die Blumenreiche" genannt. Die wenigen Häuser, die sich am Ufer entlang und rechts und links der Betonsträßchen den leichten Hügel hinaufziehen, zeichnen sich durch üppigen Pflanzenwuchs in den Vorgärten aus. Der Ort strahlt eine mediterrane Leichtigkeit aus, die man sonst in den Gewäs-

Ilovik

sern der nördlichen Adria eher selten findet. Aber nicht nur bei Yachttouristen erfreut sich Ilovic großer Beliebtheit, sondern tagsüber wird die Insel auch von Ausflugsschiffen gut frequentiert. Sind die Fähren am Abend zurück nach Mali Lošinj gefahren, kehrt jedoch Ruhe ein.

Will man von Ilovic weiter nach Süden, kann es bei heftigen Ostwinden unangenehm werden. Bislang befanden wir uns im Leeschutz der langgezogenen Inselreihe von Cres und Lošinj. Von Ilovic weiter südlich in den Archipel von Zadar führt uns der Weg jedoch über relativ offenes Wasser. Es kann also durchaus gesche-

hen, daß man den Kanal zwischen Ilovic und Sveti Petar bei kräftigem Ostwind wellenfrei verläßt und dann unmittelbar in der Südostausfahrt plötzlich eine recht hohe, vor allem aber steile Welle steht. Die Windwirkstrecke zwischen den Insel Pag und Ilovic ist so weit, daß sich bei Windstärken um 6 eine recht beachtenswerte See aufbauen kann. In einem solchen Fall ist es

Stadtbrunnen Ilovik

Ilovik

nicht ratsam, die Südostausfahrt des Kanals zu wählen, weil man vor Ilovics Südspitze, nicht zuletzt dank des dann steilen Seegangs, der die Fahrt enorm bremst und große Abdrift produziert, in unangenehme Legerwallsituationen geraten kann. Vernünftiger ist es in einem solchen Fall, den Kanal nach Norden zu verlassen und die Insel Ilovic westlich zu runden. Der Seegang im Kvarnericka Vrata ist dann zwar immer noch hoch und steil, sobald man aus Ilovics Abdeckung herauskommt, man läuft aber einen guten Kurs zur Welle und hat lediglich eine Strecke von rund 6 Meilen zu überwinden, bevor man in die Abdeckung von Premuda gelangt.

Premuda (44° 20'N 14° 38'E)

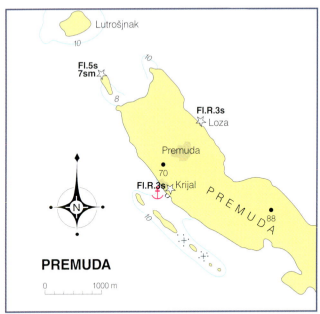

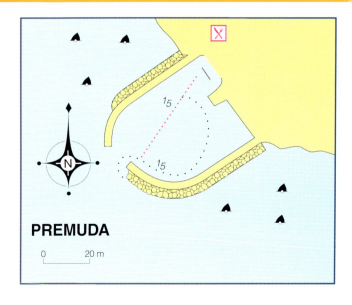

Ansteuerung:

Hat man die Nordspitze Premudas erreicht, sind es noch 1,5 Meilen in südöstlicher Richtung, bis die kleine Bucht von Krijal auf Premuda erreicht ist. Bei der Ansteuerung kann als Landmarke der rote Turm auf dem Kopf der Nordmole des Fähranlegers dienen sowie eine Kapelle, die unmittelbar hinter dem kleinen Hafen liegt. Die dem Hafen vorgelagerten Klippen und Inseln haben äußerst unreinen Grund. Man sollte sich nicht verführen lassen, durch die Klippenreihe hindurchzufahren. Die Ansteuerung Krijals kann nur von Nordwesten oder weit südöstlich küstennah erfolgen.

Liegeplätze:

Es ist nicht unbedingt anzuraten, den kleinen Hafen zu benutzen. Besser liegt man an den im Sommer ausgelegten Bojen, die nördlich und südlich des Hafenbeckens verankert sind. Leider ist das Bojenfeld aber recht schlecht geschützt, so daß bei stürmischen Winden, egal aus welcher Richtung, harter Seegang steht.

Premuda

Ist (44° 16'N 14° 46'E)

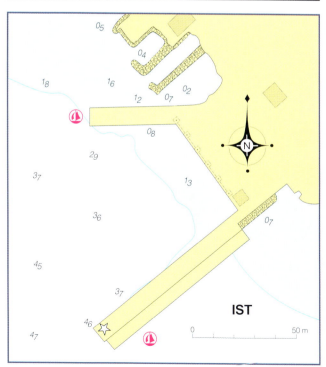

Versorgung:
Der Ort Premuda liegt in rund 60 m Höhe mitten auf der Insel. Es empfiehlt sich, an der Insel nur verproviantiert festzumachen.

Touristik:
Premuda ist diejenige Insel des Zadar-Archipels, die am weitesten nordwestlich gelegen ist. Es ist ein weltvergessenes, karges Eiland, auf dem der Begriff Tourismus noch als Fremdwort gehandelt wird.
Interessant ist aber, daß die Gewässer um die Inseln Cres, Lošinj und Premuda zum Schutzgebiet für Delphine erklärt wurden. Es war übrigens das erste derartige Schutzgebiet im gesamten Mittelmeerraum. Das Leben der Meeressäuger wird seit mehr als 10 Jahren akribisch erforscht, und bis heute sind rund 150 Delphine markiert und registriert worden. In den Gewässern um Premuda hat man relativ gute Chancen, die Tiere auch zu Gesicht zu bekommen.
Von Premuda rund 10 Meilen südlich sehen wir die grün bewachsene Insel Ist.

Ansteuerung:

Auf der Karte wirkt sie durch ihre nördlich und südlich einschnürenden Buchten wie die ausgebreiteten Flügel eines Schmetterlings. Die nördliche Bucht ist für Yachten nicht geeignet, wir wählen die Südbucht für die Ansteuerung. Eine ganze Reihe kleiner vorgelagerter Inseln macht aufmerksame Navigation erforderlich. Die Wassertiefen zwischen ihnen liegen aber alle im grünen Bereich. Die in der Endansteuerung der Bucht liegende blinde Klippe ist befeuert und dürfte bei ordentlichem Gebrauch des Echolots auch kein ernsthaftes Risiko darstellen. Als Ansteuerungshilfe dient die Kapelle, die weiß getüncht auf dem Berge Straza in 178 m Höhe über der Bucht und dem Ort thront. Ist man in die Bucht eingelaufen, wird man das im Sommer ausliegende Feld roter Festmachebojen und den Anleger gut erkennen.

Liegeplätze:

An der Innenseite der Außenmole muß Platz für Fährboote gelassen werden. Man kann entweder an der Innenseite des nördlichen Anlegers bei 1,5 bis 2 m Wassertiefe festmachen – Vorsicht, ganz im Innern wird es

Berg Straža

schnell flacher – oder man benutzt den an der Außenseite des Südanlegers angebrachten Holzsteg mit Muringleinen. Nur bei kräftigen Winden aus Nord bis Ost wird es schwer werden, dort festzumachen, da Fallböen vom Berg Straza an diesem Liegeplatz quer einkommen. Derartige Probleme hat man natürlich nicht, wenn man eine der ausliegenden Festmachebojen (vom 01.07. bis zum 01.09., sonst frei ankern auf gut haltendem Sandgrund) benutzt. Auch wenn bei einer Jugolage starker Schwell in die Bucht hineinsteht, ist der Holzvorbau als Anlegestelle indiskutabel, aber auch das Bojenfeld wird dann von schwerem Seegang gebeutelt.

Versorgung:
Hinter der Kirche befindet sich ein Laden und ein Kiosk unten am Hafen. Allerdings sind Lebensmittel nur in begrenztem Umfang zu erhalten. Einige nette Restaurants laden aber zum Verweilen ein.

Touristik:
Der kleine Ort hat einen besonderen Charme. Er schmiegt sich in die Talsohle zwischen dem östlichen und dem westlichen Teil der Insel und liegt von der nördlichen wie von der südlichen Bucht fast gleich weit entfernt. Die wenigen Bewohner des Ortes leben wenn nicht vom Fremdenverkehr, dann von ein wenig Schafzucht, ein wenig Landwirtschaft, vor allem aber auch vom Fischfang. Tagesausflügler aus Zadar und Yachties bilden das Hauptkontingent der Besucher. Wirklich lohnend ist der Aufstieg auf den Berg Straza.

Hinter der Kirche, an dem Laden vorbei, schlängelt sich der Pfad bergan. Durch hübsche Gärten führt er weiter. Hinter einem Basketballspielfeld geht es dann rechts hinauf Richtung Kapelle, anschließend an einer kleinen Wechselstube/Post vorbei, genau auf die Kapelle zu. Wir gehen weiter, bis der Weg nur noch nach links und nach rechts möglich ist. Dort halten wir uns an der T-förmigen Einmündung rechts. Wir folgen dem Weg durch Weingärten. Nach gut 100 m kommen wir an eine Kreuzung und sehen dort gegenüber einen blauen Pfeil, der den Weg zu der Kapelle weist. Der Spaziergang hin und zurück erfordert ungefähr 1 Stunde. Der Weg schlängelt sich durch niedrige Macchie, gesäumt von Natursteinmauern. Nach ca. 4 Minuten geht der Weg links ab, den blauen Pfeilen folgend, wieder in Richtung auf die Kapelle zu mit einer kräftigen Steigung bergan.

Von der Anhöhe, die mit 178 m die höchste des Zadar-Archipels ist, haben wir bei klarer Sicht einen wunderschönen Ausblick von den Kornaten im Süden bis nach Mali Lošinj im Norden, im Osten wird der Blick durch das Velebit-Gebirge begrenzt. Zurück führt der Weg geradewegs hinunter auf den Hafen zu, zwar weniger lauschig, dafür aber direkter und kommt unmittelbar gegenüber dem Kiosk heraus.

Nur wenige Meter sind es an der engsten Stelle hinüber zur Insel Molat.

Molat (44° 13'N 14° 51'E)

An der Nordseite von Molat befindet sich im engen Kanal zwischen der Insel und Ist, dem Prolaz Zapuntel, die kleine Bucht Mljake, in der einige Festmachebojen ausliegen. Das gleiche gilt für die genau gegenüberliegende Bucht auf der Insel Ist, in der sich auch im Sommer einige Festmachebojen befinden. Die Ankerplätze hier sind idyllisch abgelegen und vor Winden aus fast jeder Richtung geschützt. Man bemerke aber, daß bei starker Bora der Prolaz Zapuntel wegen heftigen Seegangs nicht passiert werden kann.

Läuft man aus der Bucht von Ist entlang der Küstenlinie Molats, hat man Gelegenheit, nach 6 Meilen das Südkap Molats zu runden und in die breite Bucht von Brgulje einzulaufen.

Ansteuerung:
Im Nordscheitel der Bucht, zwischen der flachen, grün bewachsenen Insel Brguljski und dem Festland, befindet sich eine sehr schöne Ankermöglichkeit. Man kann den Anleger, auf der Höhe der Insel Brguljski gelegen, auf geraume Distanz ausmachen. Einige kleine, weiße Häuser sind ebenfalls markant.

Liegeplätze:
Eine der wenigen Stellen, bei der auch ohne ausgelegte Ankerbojen ein hervorragender Sandgrund freies Ankern sicher möglich macht.

Der Anleger des Hauptortes der Insel Molat, etwa 2 Meilen südöstlich von Brgulje, dort wo auch der Fähranleger ist, empfiehlt sich hingegen nicht.
Hier, wie überall, muß man mit nennenswerten Liegegebühren selbst an den Bojen rechnen – aber Molat entschädigt durch die Schönheit der Landschaft und die Ruhe und Weite des Ankerplatzes. Die ca. 40 ausliegenden Ankerbojen bieten Liegeplätze, die vor praktisch allen Winden geschützt sind.
Im äußersten Westteil am Ende der Asphaltstraße befindet sich ein kleiner Yachthafen. An der Außenseite

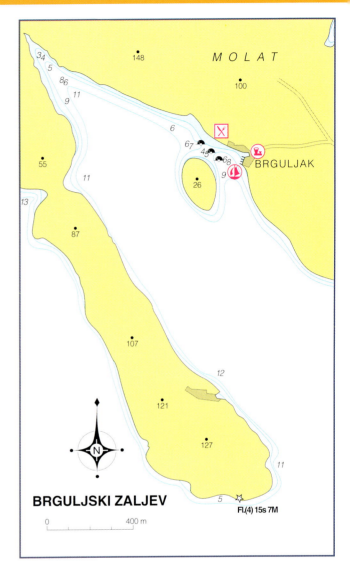

der Nordmole, die Südmole ist unbedingt für den Fährverkehr freizuhalten, kann man längsseits oder vor eigenem Buganker bei 1,5 bis 2 m Wassertiefe festmachen.

Versorgung:
Auf dem Betonsteg gibt es auch Wasser- und Stromanschluß. Am Ufer finden sich einige Restaurants und ein winziger Lebensmittelladen. Er bietet Nahrungsmittel in äußerst begrenzter Auswahl.

Anleger von Brguljak

der Ort, der ehedem mit seiner Kirche Lebenszentrum war, wirkt verwaist. Außer einigen alten Menschen, schwarz gekleidet, findet man nur zeitweilig einige Städter, die ihre Ferienhäuser nutzen. Hier, wie auf vielen anderen Inseln des Zadar-Archipels, wird man auch nicht vom Autoverkehr belästigt, lediglich die abenteuerlichen Gefährte des Ladenbesitzers und des Bäckers, die jedem deutschen TÜV-Prüfer die Nackenhaare zu Berge stehen ließen, rumpeln ab und an über die Strecke.

Nur ein Katzensprung ist es von Molat hinüber zur Insel **Dugi Otok**. An

Molat

Touristik:
Wandert man die Asphaltstraße 2 km auf den Bergkamm von Molat hinauf zum kleinen Ort Brgulje in der Inselmitte, taucht man in eine unbekannte Welt ein. Von hier oben hat man einen sehr schönen Ausblick über die Bucht und im Süden auf den Archipel von Zadar. Am Wegesrand finden sich der Stechginster, Myrthe, eine Reihe von Ölbäumen, Mastixsträucher und weitere mediterrane Flora. Man spürt aber auch allenthalben, daß die Insel ihrer Lebensgrundlage beraubt ist. Überall sieht man aufgelassene Landwirtschaft, und

der Nordwestseite der Insel öffnet sich die weiträumige Bucht von

Soliscica/Veli Rat/Pantera (44° 09'N 14° 52'E).

Ansteuerung:
Als Ansteuerungsmarke kann schon von weither der Leuchtturm von Veli Rat dienen, der auf der nordwestlichsten Klippe Dugi Otoks steht und das Fahrwasser für die Großschiffahrt nach Zadar sichert. Als besonders skurrile Ansteuerungshilfe mag auch das vor dem

Soliscica

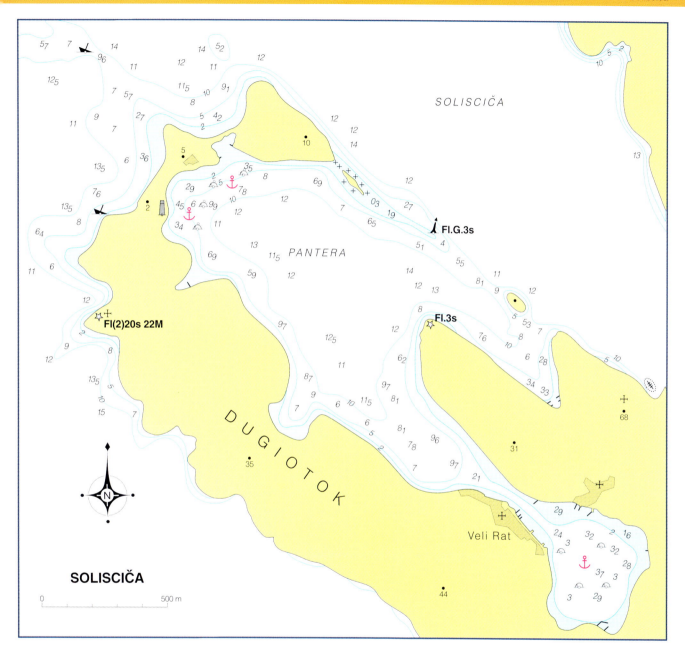

Kap Suha im Norden zerschellte italienische Küstenmotorschiff dienen, das hier vor fast 15 Jahren strandete. Es wird wohl noch lange als Ansteuerungshilfe erkennbar bleiben. Die kleine Ankerbucht von Veli Rat bzw. ihre größere nördliche Schwester Pantera sind unser Ziel. Man sieht die Bucht von Pantera in einem schön geschwungenen Rund, im Norden sehr flach auslaufend, im Hintergrund aber schon in einige Hügel übergehend. Doch Vorsicht, die Weite der Wasserfläche täuscht auch eine große Tiefe vor, die man in die-

Ankerbucht von Pantera

sen Gewässern ja ohnehin immer bis dicht ans Ufer erwartet. Dies aber ist ein unter Umständen gefährlicher Irrtum. Die Nordspitze Dugi Otoks zieht sich an dieser Stelle mit einer untiefen Sandbank (Wassertiefen um einen halben Meter) sehr weit nach Südosten herum. Die Grenze der Passierbarkeit wird durch eine grüne und eine rote Tonne, welche die Einfahrt markieren, deutlich. Man soll sich auch auf keinen Fall dazu verleiten lassen, hier „abzukürzen", selbst wenn die grüne Tonne ziemlich weit und einsam hinaus ins Wasser gelegt wurde. Beim Näherkommen wird man den Grund schnell erkennen, denn die Wassertiefen nehmen rapide ab und selbst wenn man sich an die Betonnung hält, hat man, wenn man ins Wasser sieht, den subjektiven Eindruck, daß es schnell zu flach für ein Kielboot wird – in Wirklichkeit ist der Grund aber noch 5 m entfernt. An dieser Stelle ist das mitlaufende Echolot ein Muß.

Liegeplätze:
Inmitten der Bucht wird man Wassertiefen um 12 m antreffen, zu den Rändern wird es aber spürbar seichter, insbesondere im Nordzipfel der Bucht.
Der geschützteste Teil der weiträumigen Bucht ist allerdings im Süden, noch vorbei an dem kleinen Ort Veli Rat, zu finden. Die Wassertiefe nimmt auf rund 2,5 m ab, und die Einfahrt ist auch hier betonnt. Man sollte dieser Betonnung auf jeden Fall folgen. In der kleinen Bucht sind Festmachebojen ausgebracht. Die Liegeplätze in dieser Bucht sind vor allen Winden gut geschützt. Lediglich bei Winden aus Nordwest kann

Südwestspitze von Molat

Insel IST und MOLAT

Prolaz Zapuntel

eine kleine kurze Welle – aber nicht ernsthaft störend – stehen.

Versorgung:
Die Versorgung im Ort ist sehr schlecht, lediglich Lebensmittel sind in einem kleinen Laden in begrenzter Menge erhältlich.

Touristik:
Von Veli Rat kann man einen netten Spaziergang zu dem schon eingangs erwähnten Leuchtturm machen. Man muß sich dazu lediglich vom Anleger, wo man das Dingi festmachen kann, nach Nordwesten über den Schotterweg aus dem Ort begeben und der kleinen Teerstraße folgen. Eine Strecke dauert etwa 45 Minuten. Das Sträßchen führt nördlich des Ortes oberhalb der Pantera-Bucht vorbei.

Von hier aus hat man auch den schönsten Blick auf die Ankerbucht. Später haben wir immer den Leuchtturm vor Augen. Er wurde übrigens 1849 gebaut und ist damit angeblich der älteste Leuchtturm Kroatiens. Es wird erzählt, daß er seine gelbliche Farbe 100.000 Eidottern zu verdanken habe, die beim Bau verarbeitet wurden – eine wohl fragwürdige Erklärung, die der Autor doch eher in den Bereich der Fabel verweisen möchte. Trotz der geteerten Straße wird man beschauliche Ruhe finden und muß keinen Autoverkehr fürchten. Der Tourismus beschränkt sich im Norden Dugi Otoks mehr auf den Bereich rund um Bozava und gelangt nicht in den äußersten Nordzipfel der Insel. Von weitem betrachtet wirkt die Insel wie eine Seeschlange, deren Rücken sich immer wieder aus den Fluten erhebt. Übersetzt heißt

Gesunkenes italienisches Kümo vor der Ankerbucht von Pantera

Dugi Otok denn auch soviel wie die lange Insel, und sie ist mit 52 km der unangefochtene Spitzenreiter in der Längenausdehnung bei den norddalmatischen Inseln. Auch hier, wie überall auf den Inseln, ist die Landwirtschaft im Rückgang begriffen und wird als Wirtschaftsfaktor weitgehend vom Tourismus – auch wenn er einem nicht überall direkt ins Auge fällt – abgelöst.

Haben wir die Nordspitze Dugi Otoks zwischen den vorgelagerten Inselchen Brscak und Golac gerundet, treffen wir nach 4 Meilen entlang der saftig grünen Küste Dugi Otoks auf den Hafen

Leuchtturm Veli Rat

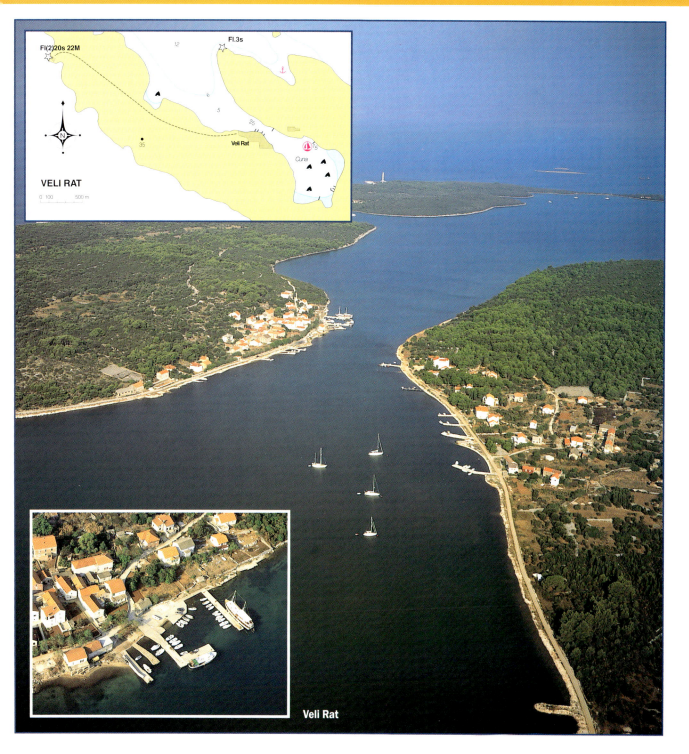

II. Die äußeren Inseln – Cres bis Iž

Bucht von Lucina

Lucina

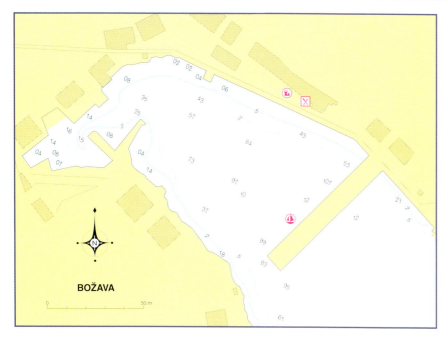

Božava (44° 08'N 14° 55'E).

Ansteuerung:
Wenn wir den Kanal zwischen der vorgelagerten langgestreckten Insel Zverinacs und Dugi Otok passieren, ist sorgfältige Navigation wichtig. Es liegen einige Untiefen inmitten des Kanals. Božava selbst ist ein kleiner Ferienort ohne klare Ansteuerungshilfe, außer vielleicht seinem Kirchturm. Man erkennt die weißen Häuser des Ortes aber schon auf geraume Distanz. Näher herangekommen, erkennt man schnell die kurze Hafenmole.

Liegeplätze:
Der Hafen ist klein, aber recht geschützt. Nur gegen Jugolagen aus SE bietet er kaum Abschirmung. Einlaufender Seegang macht ihn dann sehr ungemütlich. Yachten liegen an der Innenseite der Außenmole. Muringleinen sind vorhanden, ansonsten wäre die Wassertiefe von rund 10 m inmitten des Hafens für kleine Boote auch kaum noch ankergerecht.

Versorgung:
Ein kleiner Supermarkt in der Nähe des Anlegers bietet den notwendigen Bedarf.

Touristik:
Falls man es so nennen mag, ist Božava das touristische Zentrum der Insel Dugi Otok, wobei der Begriff Zentrum falsch verstanden werden könnte. Der Ort ist schon sehr alt und wurde 1327 als Bosana zuerst schriftlich erwähnt, soll aber noch deutlich älteren Datums sein. Die

Ostküste von Dugi Otok

schmalen Gassen des Ortes laden heute, dank der üppig grünen Umgebung, zu ruhigen Spaziergängen ein. Autoverkehr ist in den schmalen Gassen nicht zu erwarten. Touristisches Zentrum ist der Ort sicherlich wegen seines Hotelkomplexes und der als gut gepriesenen Bade- und Wassersportmöglichkeiten. Ein paar nette Restaurants laden zum Verweilen ein.

Sechs Meilen weiter südlich bietet sich der durchreisenden Yacht die Bucht

Lučina (44° 05'N 15° 00'E)

als hübsche Liegemöglichkeit an.

Ansteuerung:
Von Norden kommend, kann man durch den Pass zwischen dem vorgelagerten Inselchen Utra und Dugi Otok hindurchlaufen.

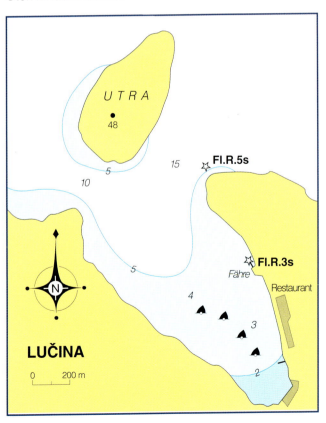

Liegeplätze:
Man kann an einer der in der Bucht ausliegenden Festmachebojen anlegen. Der kleine Fähranleger im Ostteil der Bucht muß freigehalten werden. Man liegt inmitten reinster Natur recht abgeschieden. Dank der Schutzfunktion der Insel Utra liegt man auch bei ungünstigen Windverhältnissen, d. h. aus dem nördlichen Quadranten, relativ ruhig. Die Innenseite des Fähranlegers könnte zwar prinzipiell von Booten benutzt werden, bietet aber außer für flachgehende Motorboote zu wenig

Versorgung:

Versorgungsmöglichkeiten – mit Ausnahme des Restaurants nahe am Fähranleger – gibt es in der Bucht nicht. Notwendigen Bedarf könnte man zwar in der Ortschaft Brbinj südöstlich der Bucht decken, bis dorthin ist der Weg aber noch recht beschwerlich.

Hat man die Bucht Lucina Richtung Osten verlassen, ist es nur ein Katzensprung hinüber zur langgestreckten bewaldeten Insel Iž. An ihrer Ostseite, im Ort

Veli Iž (44° 03'N 15° 07'E),

hat das Unternehmen, das auch die Marina in Zadar betreibt, eine neue Marina errichtet.

Ansteuerung:

Man findet sie nach Rundung der Nordspitze der Insel in etwa 3 Seemeilen Entfernung. In der Nahansteuerung kann man sich gut an dem kleinen, rot gedeckten Kirchturm orientieren. Unmittelbar an der Nordseite der Hafeneinfahrt befindet sich eine etwas versteckte Hotelanlage. Die Südseite der Einfahrt ist befeuert. Die

Wassertiefe. Man benutzt die ausliegenden Ankerbojen oder ankert im Scheitelpunkt der Bucht auf 3 bis 5 m gut haltendem Sandgrund.

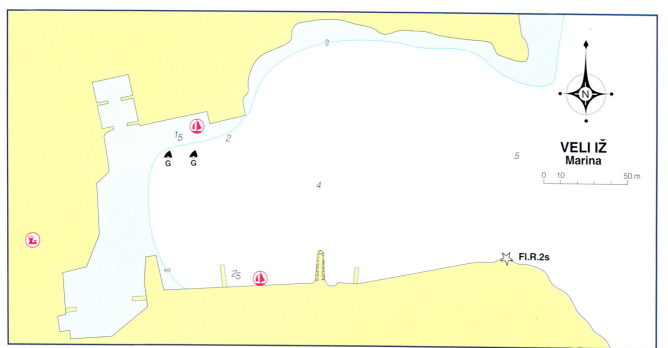

dem Hotelkomplex vorgelagerte seichte Badebucht sollte man meiden und die Einfahrt eher mittig nehmen. Hier müßte die Wassertiefe überall etwa 5 m oder mehr betragen. Das der Hafeneinfahrt vorgelagerte kleine Inselchen Rutnjak kann auch als Ansteuerungshilfe dienen.

Liegeplätze:
Einlaufend auf der Backbordseite, sieht man an der Betonpier etwa 50 Liegeplätze, modern ausgestattet mit Muringleinen, Strom und Wasser. Die Wassertiefen in der Bucht nehmen rasch ab. An der Kaimauer darf man mit 2,5 bis 3 m Wassertiefe rechnen. Darüber hinaus kann man den üblichen Marinakomfort erwarten. Allerdings muß man bei starken nordöstlichen Winden mit unruhigem Seegang in der Bucht rechnen. Der dann von Steuerbord voraus einfallende Wind (Boot mit Heck zur Pier) macht das Liegen am Kai nicht besonders gemütlich.

Versorgung:
Wasser und Strom liegen am Kai, Lebensmittel bekommt man in der kleinen Ortschaft.

Touristik:
Von der verträumt abgeschiedenen Atmosphäre des netten Ortes wird man sich aber sicher gefangennehmen lassen. Bekannt ist die Insel und insbesondere der Ort Veli Iž für die Töpferei. An der dalmatinischen Küste war die Insel Iž die einzige, auf der dieses Gewerbe ausgeübt wurde. Die Töpferware, braun und ohne Glasur, roh gebrannt, wurde weit an der Küste entlang gehandelt. Gebrannt wurde die rohe Töpferware auf einem offenen Holzfeuer. Das Töpferhandwerk ist aller-

dings auf der Insel im Aussterben begriffen. Auch in Veli Iž, genau wie auf den anderen Inseln auch, hat starke Landflucht eingesetzt. Man kann es daran bemerken, daß man viele, besonders an der Peripherie des Ortes leerstehende Häuser sieht.

Will man von der Insel Iž nach Zadar, gibt es nicht nur die Möglichkeit, die Insel Ugljan nördlich durch den Pass zwischen ihr und Rivanj zu umrunden, sondern die nächstliegende

Möglichkeit ist es, zwischen den Inseln Ugljan und Pašman – südlich anschließend – hindurchzulaufen. Läuft man von Veli Iž südöstlichen Kurs, wird man nach 4 Meilen auf der Backbordseite die großen Werftanlagen von Ugljan entdecken und 2 Meilen weiter in den Pass zwischen Ugljan und der Insel Pašman einlaufen.

Gerade südlich von Iž darf man sich nicht von künstlichen Inseln irritieren lassen, die keiner Seekarte zu entnehmen sind. Es wird hier fleißig nach Öl und Gas gebohrt, deshalb die eine oder andere Bohrplattform.

Schon auf geraume Distanz kann man die auf dünnen Pfeilern ruhende Straßenbrücke, welche die beiden Inseln Ugljan und Pašman verbindet, erkennen. Der mittlere Bogen, durch den man hindurchläuft, hat eine lichte Höhe von 16,5 m – die je nach Wasserstand leicht schwankende aktuelle Höhe wird unmittelbar am Brückenpfeiler angezeigt.
Für Boote, deren Masten höher sind, gibt es nur die Möglichkeit, die Insel Ugljan nördlich zu umrunden.
Der Kanal hat eine Wassertiefe von 4 m. Berufsschiffe haben im Kanal – der mit 14 m sehr schmal wirkt – genauso Vorfahrt wie Schiffe, die aus nördlicher Richtung, d. h. aus Zadar oder Sukošan, kommen. Im Normalfall wird man im Kanal kaum Strömung feststellen können, in Extremfällen kann sie aber bis zu 4 Knoten erreichen. Theoretisch ist jedes Wasserfahrzeug verpflichtet, vor

Ort

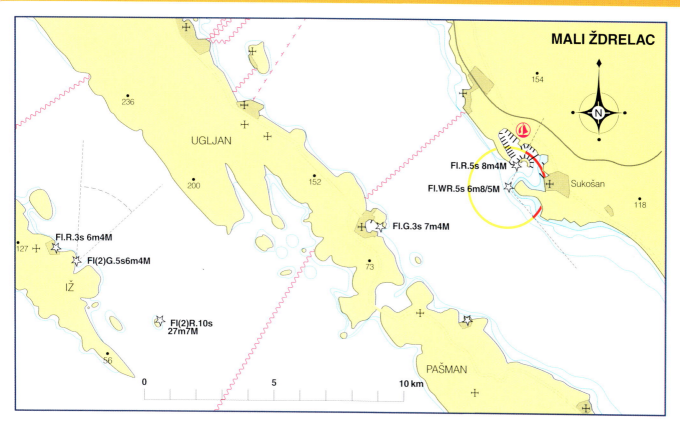

dem Einlaufen in die Passage einen langen Ton als Schallsignal zu geben, aber ist man mit dem Boot allein auf weiter Flur, wirkt es doch etwas merkwürdig, da alles weithin überblickt werden kann und damit unvorhergesehener Schiffsverkehr nicht vorkommen kann. Die Zufahrt zur Brücke ist im übrigen betonnt. Hat man die Engstelle unter der Brücke passiert, weitet sich die Wasserfläche, und man kann die gegenüberliegende Ausfahrt in den Zadarski-Kanal schon ausmachen. Backbord voraus sieht man eine kleine Kapelle, an der man sich recht gut orientieren kann.

Durchfahrt zwischen Pašman und Ugljan

III. Zadar und Sukošan

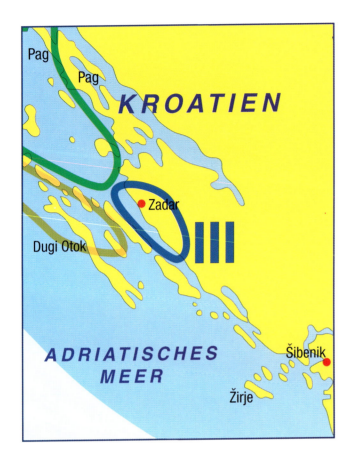

Unmittelbar gegenüber der Passage – zum Greifen nahe – befindet sich die Supermarina von

Sukošan (44° 03'N 15° 18'E).

Ansteuerung:
Als Ausgangsbasis von Chartertörns ist sie bekannt. Als Ansteuerungshilfe mag das auffällige Hafengebäude neben der Tankstelle einlaufend Backbord dienen. Die Einfahrt ist außerdem befeuert. Die Befeuerung sitzt auf augenfällig klotzigen Betonsockeln.

Liegeplätze:
Ein besonderes Ambiente kann die Marina nicht bieten. Es ist ein Bootsparkplatz mit viel Raum und noch im

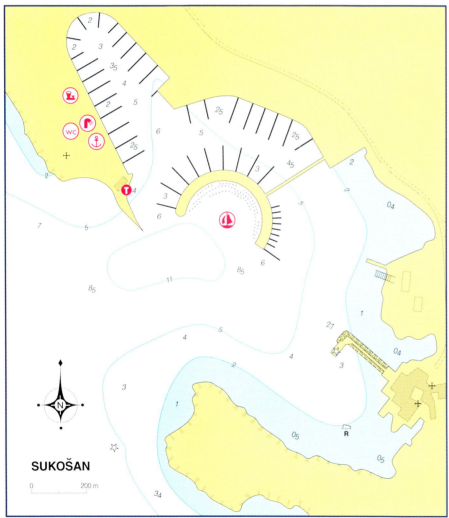

Ausbau begriffen. Der Hafen ist vor allen Winden bestens geschützt, und man darf an allen Liegeplätzen mit mindestens 2,5 m, meist aber mit mehr Wassertiefe rechnen. Er bietet 600 Yachten Raum, und selbst Riesenschiffe mit bis zu 6 m Tiefgang können den Hafen stellenweise nutzen. Die Umgebung birgt allerdings wenig Reizvolles und Spektakuläres. Flach zieht sich das Hinterland bis zum Fuß des Gebirges hin.

Versorgung:
Alle Versorgungseinrichtungen inklusive Supermarkt und Geschäfte für Schiffsbedarf befinden sich in der Marina.

Touristik:
Der kleine Ort Sukošan im Süden der Bucht ist etwa eine knappe halbe Stunde Fußmarsch entfernt. Zu bieten hat er indes nichts Besonderes.

Sechs Meilen nordwestlich der Bucht von Sukošan liegt die Einfahrt zur wohl interessantesten Stadt im Südteil der Nordadria –

Zadar (44° 07'N 15° 14'E).

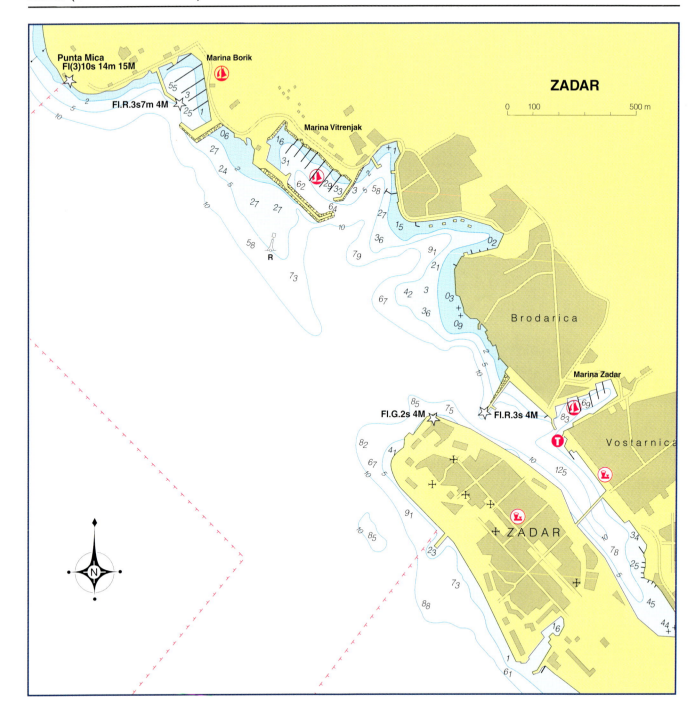

Zadar

Ansteuerung:
Hat man die Wasserfront der Altstadt mit ihren auffälligen Kirchtürmen passiert, gibt es prinzipiell drei Liegemöglichkeiten.

Liegeplätze: Ganz im Norden der Einbuchtung zur Einfahrt nach Zadar liegt die Marina Borik. Sie gehört zu einer Feriensiedlung weit außerhalb der Stadt und bietet an 300 Liegeplätzen den üblichen Komfort einer Marina. Man merkt ihr insgesamt aber an, daß sie eigentlich als Bootshafen für die Feriensiedlung konzipiert wurde.

MARINA ZADAR

Marina vor Zadar

Die zweite Liegemöglichkeit ist die Marina Vitrenjak. Sie bietet 500 Liegeplätze mit dem üblichen Marinakomfort. Die Wassertiefen in beiden Marinas darf man mit mindestens 2 bis 3 m annehmen. Beide Häfen sind über eine Buslinie mit Zadar verbunden, haben aber den Nachteil, mindestens 4 km Weg bis in die Altstadt zu erfordern.

Die dritte und für ein durchreisendes Boot wohl empfehlenswerteste Möglichkeit zum Überliegen ist die

Marina Zadar
(44° 07'N 15° 14'E).

Ansteuerung:
Hat man die Spitze der Halbinsel, auf der die Altstadt Zadars errichtet ist, gerundet, kann man die schmale Einfahrt zwischen dem Wellenbrecher und der Altstadtpier passieren. Die Einfahrt ist gut befeuert und bei jeder Wetterlage passierbar. Man muß aber auf den regen ein- und auslaufenden Fährbetrieb achten, da die Einfahrt recht schmal ausgefallen ist. Dicht dahinter Backbord sieht man die Marina Zadar liegen.

Liegeplätze:
Am besten macht man einlaufend Backbord in der Nähe des Marina-Büros fest und läßt sich einen Liegeplatz zuweisen. Beim Einlaufen in den Altstadthafen muß man besonders auf den lebhaften Fährverkehr Acht geben. In der Regel wird auch kabbeliges Wasser die Geschäftigkeit im Hafen anzeigen.

Die Marina Zadar ist modern und komfortabel eingerichtet und eignet sich bestens als Versorgungsstation sowie als Ausgangspunkt für einen Stadtbummel. Die Wassertiefen – dies sei nur am Rande erwähnt – sind überall mit mindestens 2,5 m ausreichend. An den vorderen Stegen nahe der Einfahrt liegt man etwa auf 4 bis 5 m Wassertiefe.

Versorgung:
Eine Tankstelle befindet sich nicht in der Marina, sondern im Altstadthafen auslaufend Backbord mit mehreren Anlegemöglichkeiten. Die Versorgungsmöglichkeiten sind ausgezeichnet. Lebensmittelgeschäfte befinden sich an der Straße auf der Südostseite der Marina und weiter auf dem Wege zur Altstadt – kurz vor der Fußgängerbrücke welche die Neustadt mit der Altstadt verbindet.

Touristik:
Ein Besuch der Altstadt mit ihrer lebendigen Quirligkeit und ihren antiken Baudenkmälern zählt wohl zu den Höhepunkten eines Kroatienbesuchs. Die Altstadt liegt

langgestreckt auf einer Landzunge. Obgleich sie nicht nur im Zweiten Weltkrieg, sondern auch in dem zwischen 1991 und 1993 tobenden Krieg schwer beschädigt wurde, zählt sie nach wie vor zu den architektonisch wertvollsten Orten der Gegend. Darüber hinaus besticht sie durch die weltoffene Lebendigkeit ihrer Bewohner.

Es ist ein alter Platz, denn Zadar wurde das erste Mal von den Griechen bereits im 4. Jahrhundert v. Chr. erwähnt. Später als Hauptstadt des byzantinischen Dalmatiens (um 600 n. Chr.) wurde es immer häufiger in Kämpfe mit dem aufstrebenden Venedig verwickelt. Es folgte die venezianische Herrschaft (ab etwa 1400) und eine lange schwere Belagerung durch die Türken (16. Jh.), die den Ort aber nie einnehmen konnten. Lange war Zadar auch italienisch – noch in unserem Jahrhundert. Genau wie zur Zeit der italienischen Besatzung wurde es in den beginnenden 90er Jahren wieder von seinem Hinterland abgeschnitten, nachdem die Serben bis nahe an Zadar heranrückten und die Stadt unter Beschuß nahmen.

Die Wunden jener Zeit sind nur oberflächlich vernarbt, und man tut sicher gut daran, das Wort Krieg nicht einmal in den Mund zu nehmen.

Den Stadtrundgang durch die autofreie Altstadt beginnt man am besten an der Fußgängerbrücke, die sich über den schmalen Arm des Altstadthafens spannt. Un-

Altstadt von Zadar

III. Zadar und Sukosan

Am alten Fischerhafen Fosa

Römischer Kopf

mittelbar hinter dem Stadttor auf der rechten Seite, treffen wir auf den Markt. Es gibt hier frisches Gemüse, frisches Obst in Hülle und Fülle, Fisch und Fleisch, daneben finden sich aber auch Dinge des täglichen Bedarfs, wie z. B. Kleidung. Hält man sich in der Gasse, die von der Fußgängerbrücke stadteinwärts führt, trifft man nach 300 m auf einen großen freien Rathausplatz. Er ist ein beliebter Treffpunkt von Zadars Jugend. Die Treppen der umliegenden, schmuckvollen Häuser sind ständig belagert. Überquert man den Platz und biegt links ab, kommt man nach etwa 200 m auf ein sich nach rechts öffnendes freies Carré. Linker Hand kann man eine antike Säule, die im Mittelalter als Schandpfahl gedient haben soll, bewundern, und rechts auf dem Platz sieht man fünf Brunnen (deswegen auch „Platz der fünf Brunnen" genannt). Es sind dies die oberirdischen Ver-

Marina Zadar

Landtor

Gospa od Zdravija

bindungen zu einer gigantischen Zisterne, die die Stadt früher von der Wasserversorgung des Festlandes autonom machte, mit ein Grund dafür, daß Zadar jeder Belagerung standhalten konnte.

Übrigens kann man gegenüber dem Platz der fünf Brunnen die beste Pizza Zadars bekommen.

Überquert man den Platz der fünf Brunnen und hält sich an einer schmalen Gasse dahinter links, kommt man durch das sogenannte Landtor von 1543. Es ist das ehemalige Stadttor, durch das Zadar vom Festland über eine Zugbrücke zu erreichen war. Wo wir heute noch den kleinen, antiken Hafen zur Rechten sehen (Fosa), befand sich früher auch zur Linken ein Wassergraben, der die Altstadt vollständig umgab. Vor dem Landtor gab es eine Zugbrücke. Im Zuge der Bauarbeiten zu der gegenüberliegenden Befestigungsanla-

III. Zadar und Sukosan

Forum

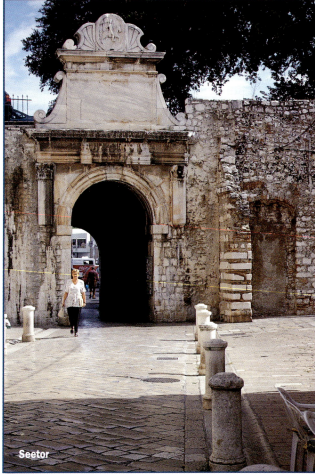

Seetor

ge wurde der Altstadtgraben allerdings zugeschüttet. Der Graben war mit eine der wichtigsten Verteidigungsanlagen, die es Zadar erlaubte, dem türkischen Ansturm so lange erfolgreich zu trotzen. Wenn man vom Landtor aus die Straße, die die Altstadt in Nordwest-Südost-Richtung durchquert, entlang geht, kommt man nach einem knappen Kilometer auf einen sich weit öffnenden Platz. Er ist das sakrale Zentrum des Ortes, und die archäologischen Ausgrabungen zeigen, daß er schon zur Zeit der Römer das Forum, also der zentrale Platz war, auf dem sich das öffentliche Leben abspielte. Heute künden noch eine Reihe von Grabmälern und marmornen Säulenfragmenten von der Bedeutung der ehemaligen römischen Kapitale.

Weiträumige Ausgrabungsarbeiten dauern noch an. Wenn wir an der Kirche Sveti Stosija mit ihrem auffälligen Glockenturm Richtung Norden vorbeigehen und links in die Haupteinkaufsstraße abbiegen, gelangen wir nach weiteren 200 m auf der rechten Seite an den „Platz der drei Brunnen". Er ist das Gegenstück zum „Platz der fünf Brunnen" auf der gegenüberliegenden Stadtseite. Auch hierbei handelt es sich um drei Zugänge zu einer großen Zisterne.

Will man nicht in einem der hübschen Straßencafés verweilen, kann man von hier durch die Nordwest-Südost-Achse wieder zum Rathausplatz und dann links ab zum Eingang in die Altstadt und zur Fußgängerbrücke zurückkehren.

Silba und Olib

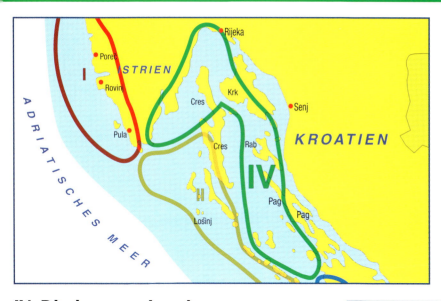

Boden erst weggefegt, wächst so schnell nichts nach.

Näher herangerückt, schälen sich die Konturen von Silba und Olib deutlicher heraus. Silba wirkt, auf die Distanz gesehen, eher wie zwei Inseln, da sie in der Mitte eingeschnürt ist und im Süden wie im Osten auf ca. 80 m ansteigt. Olib hingegen macht, auf die Distanz gesehen, den Eindruck eines flachen – man möge dem Autor den Begriff nachsehen, aber die Assoziation ist einfach zu naheliegend – Kuhfladens.

Das Virsko More, das man zwischen Zadar und Olib überquert, kann bei

IV. Die inneren Inseln – Zadar bis Cres und Ostküste Istriens

Verläßt man Zadar mit Nordkurs, kann man zumeist schon fern im Dunst die Inseln

Silba und Olib (44° 22'N 14° 45'E)

ausmachen. Von Zadar sind sie rund 27 Meilen entfernt.

Ansteuerung:

Die Fahrt geht dicht entlang der Inseln Ugljan, Rivanj und Sestranj. Sie bestechen durch grüne Macchie und kräftige Bewaldung. Welch ein Unterschied ist es, wenn man den Blick jedoch nach Osten lenkt. Die langgestreckte Insel Pag und dahinter die Festlandsküste mit dem Velebit-Gebirge wirken dagegen wie eine öde Mondlandschaft. Spärlicher Bewuchs wechselt mit nacktem Fels, und das Velebit-Gebirge sieht aus, als wäre es aus Marmor. Dort hat die Naturgewalt der Bora, die zumeist im Winter die Gegend überfegt, ganze Arbeit geleistet – aber es ist nicht allein der Wind, sondern auch die jahrhundertelange Überweidung, welche die Voraussetzungen hierfür geschaffen hat. Ist der

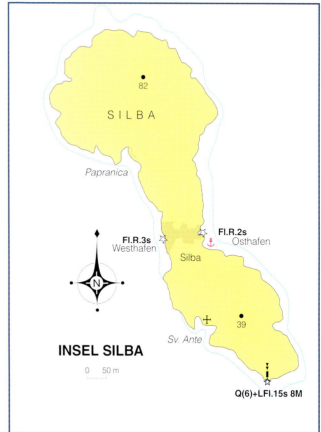

IV. Die inneren Inseln – Zadar bis Cres und Ostküste Istriens

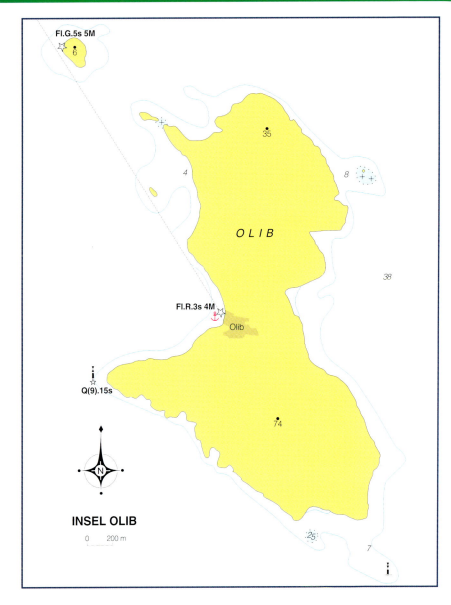

INSEL OLIB

der gesamten Insel liegt, gut an seinen zwei Kirchtürmen ausmachen. Steuerbord erhebt sich Olib augenfällig flach und besonders stark von grüner Macchie überzogen. Olib macht den Eindruck, als läge es noch in einem touristischen Winterschlaf. Dieser Eindruck ist wohl auch richtig. Die Insel ist autofrei und scheint auch, wenn man näher herangekommen ist, aus nichts anderem als grüner Macchie zu bestehen.

Der Ort **Olib (44° 22'N 14° 47'E)** liegt auf der Westseite, ungefähr auf der Hälfte der Länge der gesamten Insel. Man läuft in eine weitgeschwungene, schöne Bucht hinein, in der die Wassertiefen langsam zum Ufer hin abnehmen.

Liegeplätze:

Dicht vor dem kleinen Inselanleger befindet sich eine große Menge von Ankerbojen, die sich dem durchreisenden Schiff anbieten. Ungefähr mittig einsteuernd, hat man auch keine Untiefen zu befürchten – diese sind eher dem nördlichen Teil Olibs vorgelagert. Der äußere Bereich der Hafenmole ist für den Fährverkehr frei zu halten. An der Innenseite der Mole sind aber einige Plätze auf knapp 2 m Wassertiefe vorhanden. Die weit geschwungene Bucht bietet ordentlichen Schutz gegenüber allen Windrichtungen bis auf West bis Nordwest. Dann muß man mit heftigem Seegang in der Bucht rechnen.

Versorgung:

Kleine Geschäfte für Lebensmittel befinden sich am Hafen und am Kirchplatz, weitere Versorgungsmöglichkeiten gibt es nicht. Es gibt aber einige kleine Restaurants.

kräftigen Ostwinden eine beachtlich hohe Welle produzieren. Die Karte suggeriert hier kurze Windwirkstrecken, die niedrigen Seegang versprechen, was nach der Erfahrung des Autors für diesen Teil der Adria jedoch nicht zutrifft.

In der Naheinsteuerung in den Olib-Kanal, zwischen Silba und der Insel Olib, kann man Backbord voraus den Ort Silba, der ungefähr auf der Hälfte der Länge

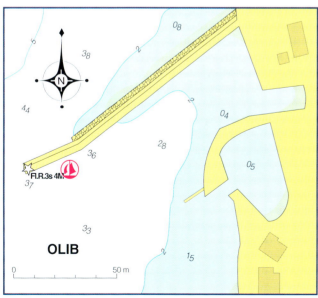

Touristik:

Die Insel wird nur an wenigen Stellen landwirtschaftlich, d. h. durch Wein- und Olivenplantagen, genutzt. Heute erstaunt, daß Olib früher eine für kroatische Verhältnisse äußerst belebte Insel war.

Vor 500 Jahren wurde die Insel von Flüchtlingen aus dem Raum um Split besiedelt. Sie waren damals auf der Flucht vor den türkischen Besatzern. Nicht zuletzt die Reblausplage, die Europa Anfang dieses Jahrhunderts heimsuchte, vernichtete die Existenzgrundlage der meisten Menschen auch auf dieser Insel restlos. Es begann eine große Emigrationswelle in die USA und nach Australien. Seither sank die Einwohnerzahl stetig. Viele „Oliber" bzw. deren Nachkommen leben heute in den USA, und nicht zuletzt ist das ein Grund dafür, warum die Insel dem Tourismus wenig aufgeschlossen gegenübersteht. Die Auslandsoliber sorgen für nennens-

Olib

Tagesankern und Baden ist die Stelle bei ordentlich haltendem, sanddurchsetztem Felsgrund durchaus geeignet. An der Innenseite der Außenmole finden sich gute Liegeplätze, Muringleinen sind vorhanden. Die Wassertiefen liegen zwischen 2 und 3 m, werden zur Mole hin jedoch recht schnell flacher.

Für tiefergehende Boote sind die gegenüber an der Betonkaje vorhandenen Liegeplätze besser geeignet. Insbesondere zum inneren Teil des Hafens hin wird es sehr schnell zu flach, außer für Motor- und Mehrrumpfboote.

werte Transferleistungen auf die Insel und träumen vielfach davon, ihren Lebensabend wieder in der Heimat ihrer Väter zu verbringen.

Sie wollen ihre Insel für sich behalten, wobei touristische Erschließung eher stört. Das ist übrigens mit ein Grund dafür, warum es in Olib keinen Yachthafen gibt noch vermutlich in absehbarer Zukunft einen geben wird.

Nur ein Katzensprung von 4 Seemeilen hinüber ist es nach

Silba (44° 22'N 14° 43'E).

Ansteuerung:
Von Olib ist der Ort mit seinem kleinen Hafen leicht an den beiden Kirchtürmen zu erkennen, die als gute Ansteuerungsmarken dienen können. Bei der Naheinsteuerung wird man sehr schnell den Wellenbrecher des kleinen Hafens ausmachen. Die Einfahrt zum Ortshafen ist befeuert.

Liegeplätze:
Südlich des Hafens gibt es eine Ankermöglichkeit vor einem kleinen Badestrand. Empfehlenswert ist sie jedoch nicht, da sie über den ganzen Bereich von Nordost bis Südost völlig offen ist – eine in dieser Gegend nicht gerade empfehlenswerte Eigenheit. Aber für das

Silba Osthafen

Der Westhafen der Insel sei nur der Vollständigkeit halber erwähnt. Dort legen die Fährschiffe an, für Yachten ist er ungeeignet.

Versorgung:

Geht man vom Hafen die betonierte Straße der autofreien Insel geradlinig hinauf, wird man am oberen Ende einen Glockenturm finden und wenige Meter dahinter auf der rechten Seite ein ordentlich geführtes Lebensmittelgeschäft, in dem man den notwendigen Bedarf ergänzen kann. Restaurants gibt es im übrigen einige.

Touristik:

Wie anders wirkt doch Silba, verglichen mit dem weltabgeschiedenen oder besser weltabgewandten Olib. Die Bewohner der Insel haben sich schon sehr früh mit dem Tourismus angefreundet und es doch zugleich geschafft, ein grünes Inselidyll zu erhalten. Macchiegesäumte Wege und blütenreiche Gärten, die mit Oleanderbüschen aufwarten,

erfreuen das Auge ebenso wie exotische Gewächse in Gärten. Vielleicht liegt es daran, daß die Bewohner der Insel nie wirklich von der Landwirtschaft, sondern immer von der Seefahrt lebten. Immerhin gab es bis 1914 hier noch 190 seegehende Segler. Heute ist ganz gewiß der Tourismus die Haupteinnahmequelle der Insel.

Man kann vom Yachthafen im Osten quer über die ganze Insel in vielleicht 20 Minuten bis zum Westhafen gehen. Hafen ist doch vielleicht nicht ganz der richtige Ausdruck, es ist ein relativ kurzer Fähranleger, und für Sportboote ist der „Westhafen" nicht geeignet.

Liebesturm

Kirche

Ist man auf dem Scheitelpunkt des Weges angelangt, kann man über die schmale Asphaltstraße, die quasi auf dem Bergrücken entlangführt, nach rechts gehen und wird nach knapp 100 m vor einem eigenartigen, sechseckigen Turm mit außenliegender, steinerner Wendeltreppe stehen. Genannt wird er im Ort „der Liebesturm". Ein Kapitän von der Insel ließ Ende des 18. Jahrhunderts den Turm für seine große Liebe errichten. Seine Angebetete konnte so, wenn er auf See war, immerzu Ausschau nach ihm halten.

Geht man die Straße weiter Richtung Ortsausgang, kommt man schon nach kurzer Zeit zu einer kleinen, heute verfallenen Kapelle, von der man, links abbiegend, einen Stichweg über die Insel wählen kann. Hier

Zentrum von Silba

Silba-Westanleger

ist man sehr schnell aus dem Ort heraus und befindet sich inmitten „reinster" Natur.

Die Insel ist zwar autofrei, jedoch nicht frei von motorisierten Kraftfahrzeugen. Es sind die kleinen, zweirädrigen Minitraktoren, die mit einem kleinen flachen Anhänger versehen das Gepäck der Touristen laut knatternd vom und zum Fähranleger bringen.

Vom weltabgewandten Olib und vom lieblichen Silba hin zum geschichtsträchtigen Rab ist es ein Weg von rund 25 Meilen. Den Olib-Kanal mit nördlichem Kurs verlassend, läßt man die der Insel Olib nordwestlich vorgelagerte, unbewohnte Klippe von Morovnik an Steuerbord liegen und setzt Kurs auf die Nordspitze der Insel Pag ab. Hierbei darf man die 2 Meilen Nord-nordwest Morovniks vorgelagerte Untiefe von Plic Morovnik (4,5 m) nicht übersehen. Sie liegt genau im Wege!

Pag kann man als öden, dünnen Strich unterhalb des mächtigen Velebit-Gebirges im Osten ausmachen. Zwischen der der nördlichen Spitze Pags vorgelagerten Insel Dolfin und Pags Nordspitze muß man auf Untiefen achten, ansonsten ist es in dem weiten Seegebiet rein. Von Pags nördlichster Klippe hinüber nach Rab ist es nur ein Katzensprung.

Rab (44° 45'N 14° 46'E)

Ansteuerung:
Bei klarer Sicht wird man schon von der Nordspitze Pags aus die aus hellgrauem Stein erbaute Altstadt mit ihren markanten vier Glockentürmen erkennen können. Nachts ist die Einfahrt gut befeuert. Näher herangekommen, kann man sehen, wie die Altstadt auf einem steilen Felsrücken, der sich als Landzunge ins Meer

IV. Die inneren Inseln – Zadar bis Cres und Ostküste Istriens

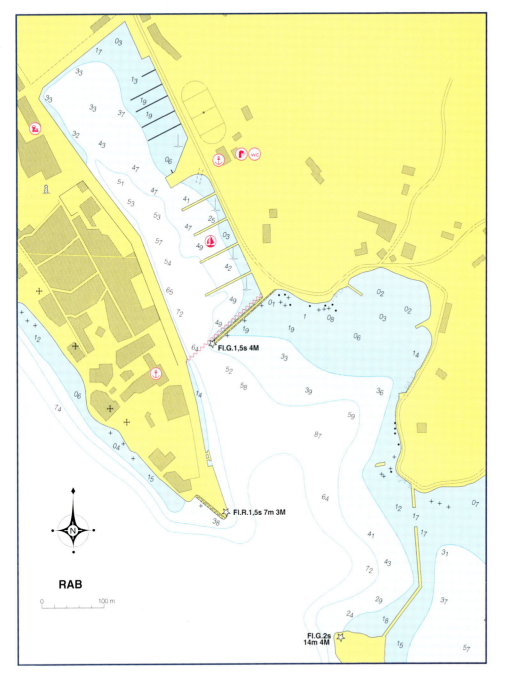

ist mit dem Festland durch einen Damm verbunden. Bei der Einsteuerung muß man recht vorsichtig sein, da mit vielen kleinen Motorbooten von den umliegenden Campingplätzen gerechnet werden muß. Sie zeichnen sich leider häufig durch unvorhersehbare Manöver aus. Hinzu kommt insbesondere am Morgen ein reger ein- und auslaufender Verkehr von Fährbooten und Ausflugsschiffen.

Liegeplätze:
Einlaufend Steuerbord befindet sich die moderne Marina. An dem Altstadtkai auf der Backbordseite kann man nur zum kurzfristigen Überliegen festmachen. Einerseits bringt der rege Bootsverkehr um ruhig zu liegen, zu viel Schwell, und andererseits sind die meisten Plätze entweder von einheimischen Booten oder von Fährbooten belegt. Vorzugsweise macht man an einem der vier Stege vor der Tankstelle fest oder läßt sich einen Liegeplatz zuweisen. Bei starken Südwinden ist die Marina Rab nicht sicher. Es können Wasserstandsänderungen bis zu 1 m und kräftiger Sog sowie Wellenschlag entstehen. Daher ist die Marina üblicherweise nur in der Saison von Anfang April bis Ende September geöffnet. Der Service ist jedoch recht freundlich.

hinausschiebt, erbaut wurde. Hat man die Südspitze der Altstadt gerundet, befindet man sich schon im Hafengebiet. Die kleine, südlich vorgelagerte Insel Tunera

Versorgung:
Von den Gastplätzen ist es allerdings ein etwas weiter Weg zum Büro der ACI-Marina, hinter dem sich auch Duschen und Sanitäranlagen befinden.

Die Versorgungsmöglichkeiten in Rab sind sehr gut. Man findet ordentliche Supermärkte am Ende des Hafenbeckens – geradeaus gehend in der „Einkaufsmeile" oder aber um das Hafenbecken Richtung Altstadt herumgehend – in dessen äußersten Nordwestwinkel (deutlich billiger, aber weniger Auswahl). Wer glaubt, bei den vielen fliegenden Händlerinnen, die Käse, Obst und Gemüse anbieten, preisgünstiger einkaufen zu können, irrt in der Regel allerdings gewaltig. Da können die ortsansässigen Supermärkte preislich allemal gut mithalten.

Touristik:
Neben Rovinj und Zadar ist Rab das dritte kulturhistorische Kleinod in Nordkroatien. Schon in römischer Zeit um Christi Geburt war die Stadt als Stützpunkt römischer Macht und Handelszentrum an der dalmatini-

Pag – von der Bora verwüstet

Pag

schen Küste bedeutend. Die uns heute beeindruckenden Baureste, insbesondere natürlich die vier berühmten Glockentürme, stammen jedoch erst aus dem 12. bis 15. Jahrhundert. Noch heute kann man an vielen Details reichverzierter ehemaliger Patrizierhäuser in der Altstadt den vergangenen Glanz und die ehemalige Bedeutung des Ortes gut erkennen. Wenn wir um das Hafenbecken herumgegangen sind, passieren wir zunächst einen Supermarkt und wenige Meter später ein auffälliges Bankgebäude (Geldautomat!). Dahinter öffnet sich zur Rechten der nette Platz Svetog Kristofora. Von ihm aus kann man einen Rundgang machen.

Die keilförmig ins Meer hinausgetriebene Altstadt kann man durch die untere Straße (Srednja Ulica) auf ihrer gesamten Länge durchmessen. Man wird kleine Galerien und Andenkengeschäfte finden. Allerdings muß man hier in den unteren Straßen auch mit regem touristischem Andrang in der Hochsaison rechnen. Ganz am Ende führt uns die dunkle Gasse in leicht geschwungener Rechtsbiegung zur Kathedrale Sveti Maria Velika. Es ist die Kirche, die wir von der Einfahrt her schon kennen, weil sie mit ihrer trutzigen Wehrmauer und ohne Glockenturm eher wie eine Festungsanlage denn eine Kirche aussieht. Vom Eingangsportal der Basilika können wir uns über die obere Straße (Ivana Rabljanina), später übergehend in die Gornja Ulica, zu dem etwa 80 m entfernt stehenden, mächtigen romanischen Glockenturm aufmachen. Auch er ist uns mit seiner kühnen Architektur noch bestens von der Ansteuerung her bekannt. Man kann ihn zwischen 10 und 13 Uhr sowie 19.30 und 22 Uhr in der Saison besteigen. Auf dem Glockenturm fällt eine achtseitige Pyramide auf. Sonst haben wir gesehen, daß Glockentürme, noch dazu ältere zumeist ein vierseitiges Spitzdach haben. Diese Pyramide wurde im 15. Jahrhundert errichtet, nachdem das ursprünglich vierseitige Dach vom Blitz zerstört worden war.

Wenn wir die obere Straße weiterbummeln, kommen wir an zahlreichen anderen Relikten früherer Tage vorbei, wozu zerstörte Kirchenschiffe, von denen nur noch Säulenfragmente erhalten sind, und weitere drei

Borageprägte Landschaft

Altstadt Rab

Rab von Sveti Eufemia aus gesehen

Ruinen von St. Johannes

Glockentürme gehören. Ganz am Ende des Weges kommen wir an die Ruinen der Burg Sveti Kristofora. Oben an der Treppengasse befindet sich rechts ein Tor, das üblicherweise geöffnet ist. Tritt man hindurch, kann man von hier auf die Ruinenmauern der Burg klettern. Man hat dann genau die Stelle erreicht, von der aus das klassische Postkartenmotiv Rabs geschossen wird – vier Glockentürme in Linie, dahinter sattes Meerblau und kräftiges Grün aus den Parkanlagen der Oberstadt.

Wenn wir von hier oben über die Altstadt hinwegschauen, können wir auch die westlich angrenzende Bucht Sveti Eufemia erkennen. Unterhalb der Altstadt verläuft entlang dieser Bucht ein Betonweg, der als „Badestrand" gern genutzt wird. Man erreicht ihn von der Burgruine einige Meter weitergehend und dann links die Treppengasse hinunter.

Die Bucht von Sveti Eufemia ist international als ornithologisch bedeutendes Gebiet in Europa anerkannt. Hier sollen die Nistplätze von Gänsegeiern geschützt werden. In ganz Kroatien soll die Population dieser Tiere noch etwa 100 bis 120 Brutpaare betragen. Die Vögel bauen ihre Horste gerne an steile Felsen direkt über dem Meer. Mit einer Flügelspannweite von fast 3 m gehören sie zu den imposanten Erscheinungen. Normalerweise wird es einem nur schwer gelingen, diese Tiere in freier Wildbahn zu beobachten. Wenn man sich besonders hierfür interessiert, kann man unter der Telefonnummer 051/840525 versuchen, an einer organisierten Tour teilzunehmen.

Nördlich der Burgruine schließt sich der Park Komrcar an. Er spendet im heißen Sommer kühlen Schatten und ist bekannt für seine schöne abwechslungsreiche Anlage, damit ideal geeignet für einen erholsamen Spaziergang. Selbst dann, wenn die Stadt in der Hochsaison touristisch überlaufen ist, wird man hier Ruhe und Besinnung finden.

Von der Burgruine kann man die Treppen direkt zum Platz Sveti Kristofora hinuntergehen und sich in einem der hübschen, kleinen Cafés eine Rast gönnen.

Auf Rab gibt es eine zweite Marina, quasi gegenüber auf der Nordseite der Insel gelegen. Man läuft auf grob nordwestlichem Kurs rund um den zerklüfteten, vorgeschobenen Westteil von Rab herum. Hat man Donjapunta im äußersten Westteil gerundet, geht man auf

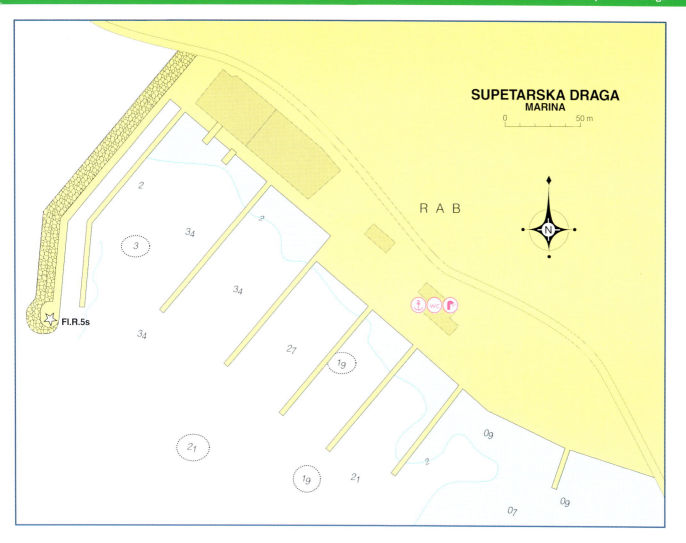

Nordostkurs und trifft nach 2 Meilen auf die tiefe Einbuchtung von

Supetarska Draga (44° 48'N 14° 42'E)

mit der gleichnamigen Marina in ihrem Scheitelpunkt.

Ansteuerung:
Die Ansteuerung bereitet keine Probleme, da die Bucht relativ weiträumig in ihrem Anfang ist und erst zum Ende hin flach und enger ausläuft. Man befindet sich die ganze Zeit gegenüber Nordost in der Abdeckung eines über 100 m hohen, dicht grün bewachsenen Bergzuges. Bei der Ansteuerung halte man sich auch gut von der Südwestseite frei, wo Klippen relativ weit vor die Küste hinaus reichen. Die Nordostseite der Bucht ist hingegen bis dicht ans Ufer rein. In der Naheinsteuerung wird man den langen Wellenbrecher, der die Marina gegen Nordwest schützt, schnell erkennen. Man kann sich einen Liegeplatz zuweisen lassen.

Liegeplätze:
Die Marina von Supetarska Draga liegt abgelegen, landschaftlich schön in recht grüner Macchie und darf

– dies ist nicht abwertend gemeint – als Bootsparkplatz betrachtet werden.

Zwar wehen sowohl Bora als auch Jugo hier recht kräftig, aber beide Winde werfen keinen hohen Seegang auf. Lediglich gegen Nordwest ist die Bucht recht ungeschützt. Größere Boote liegen an den ersten, kleinere an den hinteren Stegen.

Versorgung:
Einige Restaurants befinden sich in der Nähe der Marina, die auch über einen Laden verfügt. Eine Tankstelle wird man indes vergeblich suchen!

Touristik:
So technisch perfekt die Liegemöglichkeiten auch sein mögen und so landschaftlich reizvoll die Umgebung auch ist, so wenig gibt es hier allerdings zu besichtigen. Daher darf man Supetarska Draga wohl eher als Durchgangsstation ansehen oder als geschützte Anlaufstation, wenn die Bora, die zwischen den Inseln Rab und Krk häufig und stark weht, eine Weiterfahrt nicht zuläßt.

Hat man von Supetarska Draga das Kap Sorinj, die nordwestlichste Spitze Rabs, erreicht, ist es ein 10-Seemeilen-Sprung hinüber zur Insel Krk, wo sich die Lagune von

Punat (45° 01'N 14° 38'E)

als Liegemöglichkeit anbietet.

Ansteuerung:
Krk wirkt von weitem unwirtlich und leergefegt wie ein ausgeräumter Steinbruch. Lediglich weiter im Norden zeigen sich grüne Waldstreifen auf der Insel. Der Bereich zwischen Krk und Rab ist geradezu berüchtigt für die Häufigkeit der hier wehenden Bora. Unmittelbar am Festland liegt der kleine Ort Senj. Es ist derjenige Ort an der Adriaküste, in dem am häufigsten die Bora weht.

Punat

Marina Punat

Punat – Einfahrt

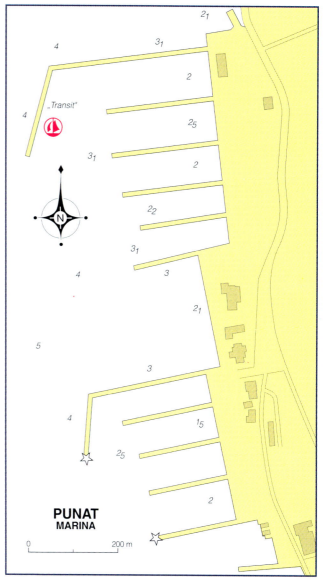
PUNAT MARINA

An rund 200 Tagen im Jahr darf man dort mit ihr rechnen (stärker als Windstärke 6). Daher hat die Bora-Pforte von Senj einen üblen Ruf, und die Auswirkungen kann man bis in das Seegebiet zwischen Rab und Krk erleben.

Etwa 2 Meilen östlich des Hafens der Stadt Krk auf der gleichnamigen Insel befindet sich die sehr gut ge-

Košljun

schützte Lagune von Punat. Die Einsteuerung ist befeuert und betonnt, und man tut sehr gut daran, sich an den Tonnenstrich zu halten. Schiffe mit einem größeren Tiefgang als 2 m können die Lagune nicht anlaufen.
Punat ist ein beliebter Badeort, und man muß bei der Einsteuerung unbedingt auf Schwimmer achten, die häufig das schmale Fahrwasser zum Baden benutzen. Die Ausweichmöglichkeiten innerhalb des Zufahrtskanals, dessen nutzbare Breite nicht mehr als etwa 20 m beträgt, sind insbesondere für tiefgehende Boote gering.

Liegeplätze:
Innerhalb der Lagune, und zwar auf deren Ostseite, befindet sich die recht große und moderne Marina. Sie ist übrigens ein sehr guter Ort, um sein Schiff auch für längere Zeit alleine liegen zu lassen. Die Marina ist technisch auf hohem Stand. Die Liegeplätze für durchreisende Boote befinden sich am Ende der Marina Punat und sind mit „Transit" gekennzeichnet. Die Umgebung – grünes Hügelland – bietet zwar nichts Abenteuerliches, macht aber einen ganz netten Eindruck. Man kann auch vor der Marina am Hafenkai von Punat kurzzeitig überliegen (Wassertiefe rund 2,5 m), üblicherweise dürfte aber hier kein Platz frei sein.

Uskoken – Piraten der Adria

An vielen Stellen treffen wir in Nordkroatien auf Befestigungen, wie wehrhafte Kirchen usw. Häufig handelt es sich um Anlagen zum Schutz gegen die Uskoken. Wer waren nun diese berüchtigten Piraten der Nordadria? Vornehmlich waren es Flüchtlinge aus den ländlichen Gebieten Bosniens und Dalmatiens, die Ende des 15. und Anfang des 16. Jahrhunderts unter türkische Herrschaft fielen. Daher heißt das Wort Uskoken übersetzt auch soviel wie Flüchtlinge. Der größte Teil der Uskoken wurde in Senj von den Habsburgern angesiedelt.
Die Festung Senj sollte als Trutzburg gegenüber dem weiteren türkischen Vordringen dienen, aber auch eine Abgrenzung zum Herrschaftsanspruch Venedigs in der Adria darstellen. Hier an der Nahtstelle der Interessen von drei damaligen Großmächten entwickelten die Uskoken aber ein reges Eigenleben. Obgleich ihre Zahl immer gering war, man

Versorgung:
Die Versorgungsmöglichkeiten in Punat, insbesondere mit Lebensmitteln, sind nicht schlecht. Man muß den Bedarf aber recht weit (rund 25 Minuten) schleppen. In der Marina befindet sich zwar prinzipiell ein Supermarkt, er scheint aber nur während der engsten Hochsaison geöffnet zu haben. Trotz der beachtlichen Zahl von Liegeplätzen (rund 800), gibt es in der Marina aber keine Tankstelle. Eine Tankstelle befindet sich im nahegelegenen Hafen der Stadt Krk, in dem man aber außer mit vielleicht ganz kleinen und flachgehenden Motorbooten kaum einen Liegeplatz bekommen wird.

Touristik:
Eine Besonderheit bildet die Klosterinsel Košljun inmitten der seichten Bucht. Auf der Westseite der kleinen Insel befindet sich ein Anleger – für Yachten dürfte er aber schon deshalb zu klein sein, weil der äußere Teil für das im Pendelverkehr fahrende Fährboot von Punat freigehalten werden muß. Es empfiehlt sich also, will man die Insel besuchen, mit dem Dingi hinüber zu fahren. Die Durchfahrt zwischen dem Festland und der In-

schätzt etwa 800 bis 900 Mann, hat sich ihr Ruf als kühne Piraten bis heute erhalten. Erstaunlich schnell entwickelten sich die Uskoken als ursprünglich eingefleischte Binnenländer zu exzellenten Seeleuten, die mit ihren langen, flachgehenden Booten, besetzt mit 20 bis 40 Ruderern, enorm beweglich und schnell zwischen den Inseln der nördlichen Adria manövrieren konnten.

Ihre Raubzüge richteten sich vor allen Dingen gegen reichbeladene venezianische Schiffe, aber sie verschmähten auch keine sonstige Beute, derer sie habhaft werden konnten. Dank ihrer Schnelligkeit und Wendigkeit konnten sie überall unverhofft auftauchen und ebenso rasch wieder verschwinden. Den Venezianern gelang es außerdem nicht, den Gegner im Seegebiet vor Senj zu stellen, geschweige denn zu schlagen. Hier kam den Piraten in der berüchtigten Bora-Pforte von Senj, an der an über 200 Tagen des Jahres die Bora mit mehr als 6 Windstärken bläst, die Naturgewalt zu Hilfe. Damals verbreiteten die Venezianer sogar die verrücktesten Legenden. So behaupteten sie zum Beispiel, daß die Frauen der Uskoken durch Hexerei ihren Männern die Bora zu Hilfe schickten, um deren Verfolgung durch venezianische Schiffe unmöglich zu machen. Die Hexerei ist sicherlich in den Bereich der Fabel zu verweisen, aber ganz sicher waren die Uskoken in der berüchtigtsten Boraecke der gesamten Nordadria schnell zu exzellenten Seeleuten herangewachsen. Erst als Habsburger und Venezianer ihren jahrzehntelangen Konflikt im Madrider Frieden von 1617 beilegten, wurde den Adriapiraten endgültig das Handwerk gelegt.

Die Habsburger verpflichteten sich gegenüber Venedig, die Uskoken ins Innere Kroatiens umzusiedeln. In Senj zog eine Garnison regulärer kaiserlicher Truppen ein. Damit war der Piratenspuk zwar vorbei, aber der Ruch der Seeräuber hat bis heute nichts von seiner Faszination eingebüßt.

sel Košljun ist im Südwesten der Insel sehr flach und unrein – eine Durchfahrt an dieser Stelle verbietet sich für tiefgehende Kielboote.

Das kleine, mit Steineichen überwachsene Inselchen war schon zur Zeit der Römer besiedelt. Die jetzt immer noch zu erkennende Klosteranlage wurde im 13. Jahrhundert gegründet. Man kann ein paar archäologische Artefakte in dem kleinen Klostermuseum besichtigen.

Zwei Meilen westlich der Einsteuerung nach Punat liegt der Haupthafen der Insel in

Krk (45° 02'N 14° 35'E).

Ansteuerung:
Der Ort ist leicht zu erkennen an dem alles überragenden Zwiebelturm des Domes.

Liegeplätze:
Hat man ein flachgehendes Motorboot, kann man mit etwas Glück eine freie Boje im nordöstlichen Teil des Hafens bekommen.

Krk – Stadt

IV. Die inneren Inseln – Zadar bis Cres und Ostküste Istriens

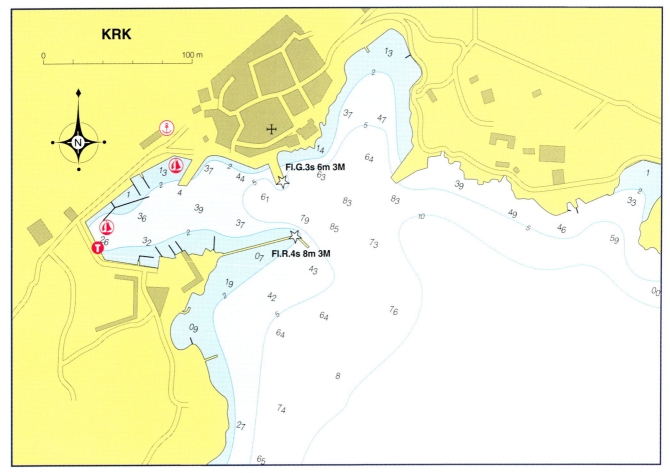

Für tiefgehende Kielboote verbietet sich jedoch eine Anlegemöglichkeit.

Versorgung:
In der äußersten Westecke des Hafens befindet sich die Tankstelle (rund 3 m Wassertiefe).

Touristik:
Auf dem weiteren Weg nach Norden passiert man den engen Kanal (Srednja Vrata) zwischen Cres und Krk. Auf der Steuerbordseite sieht man den nördlicheren und grüneren Teil der Insel Krk. An dieser Stelle gibt es eine Unzahl kleinerer Buchten, die vorzüglich als Tagesankerplatz zu gebrauchen sind. Auf der Backbordseite erstreckt sich in gesamter Länge und von der

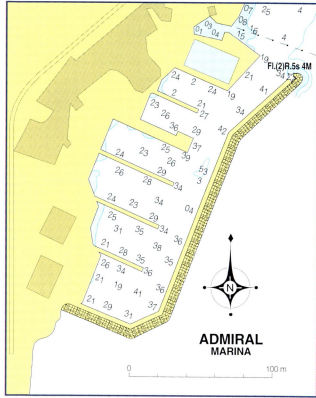

Ostseite her augenfällig steil und felsig der nördliche Bergrücken der Insel Cres.
Am Ende der Engstelle, wo sich die Meerenge zum Meerbusen von Rijeka (Rijeki Zaljev) öffnet, sieht man auf halber Höhe, wie ein Adlernest am Fels klebend, den kleinen Ort **Beli (45° 07'N 14° 22'E)**.

Die Ostseite von Cres ist im übrigen der Bora vollständig ausgesetzt und bietet keinen einzigen sicheren Liegeplatz.

Von der Position, in der wir Beli etwa querab haben, nach Opatija, sind es rund 17 Seemeilen. Steuerbord voraus erkennen wir – klare Sicht vorausgesetzt – die Kran- und Werftanlagen des Ortes Rijeka, an die sich im Südosten Industrieanlagen mit Schornsteinen anschließen. Rijeka ist der wichtigste Fähr-, Handels- und Industriehafen der Adriaküste. Man tut gut daran, ihn zu meiden. Für Yachten ist er weder gedacht noch geeignet. Auch vom Landschaftseindruck ist es bei weitem besser, sich gleich nach Opatja zu wenden.

Opatija (45° 20'N 14° 19'E)

Ansteuerung:
In Opatja gibt es prinzipiell zwei Liegemöglichkeiten. Dicht beim Stadtzentrum, unmittelbar unterhalb eines großen Hotelkomplexes liegt die Marina Admiral. Dieses Hotel dient auch, stufenförmig gebaut und zwölfgeschossig, als weithin sichtbare Ansteuerungshilfe.

Liegeplätze:
Die Marina bietet 160 Liegeplätze für Yachten jeder Größe. In der Regel dürfte es aber schwerfallen, einen Liegeplatz zu bekommen, da der Hafen in erster Linie für motorisierte Runabouts der Hotelgäste gedacht ist. Einfacher ist es, in der ACI-Marina Opatija etwa 1 Meile südwestlich des Zentrums der Stadt einen Liegeplatz

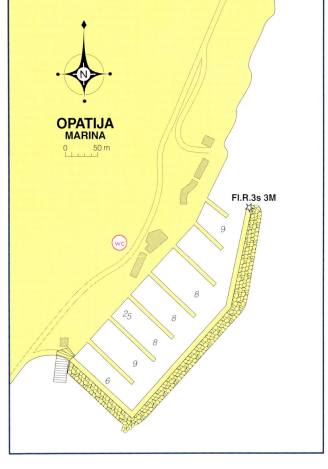

zu finden. Die dortige Marina ist neu und modern und bietet 360 Liegeplätze für Yachten jeder Größe.

Versorgung:
Die Versorgungsmöglichkeiten in der Marina sind gut. Aber Vorsicht! Erstaunlicherweise wird man auch hier keine Tankstelle finden können. Die Marina scheint so etwas wie der In-Treff der Rijeka-Schickeria zu sein, entsprechend hoch liegt das Preisniveau.

Touristik:
Nach Opatija hinein kommt man nur über die stark befahrene Küstenstraße – ein nicht sehr angenehmer Spaziergang.

Der Ort wurde schon 1889 zum Kurort ernannt, und man sieht den Häusern aus der Gründerzeit an, daß damals nur gut situierte Persönlichkeiten hier kurten. Zwar sind moderne Betonbettenburgen in der Zwischenzeit gebaut worden, aber bei küstennaher Fahrt kann man noch an der einen oder anderen Stelle Villen aus der Gründerzeit und Hotels aus jenen Tagen sehen, und man kann sich gut vorstellen, daß das milde

Klima insbesondere Wiener Hofkreise schon frühzeitig anzog. Das üppige Grün mit exotischen Pflanzen in vielen Gärten dieser klassischen Häuser kann man bei küstennaher Fahrt auch relativ gut vom Wasser aus beobachten, ohne sich in den Trubel des modernen Massentourismus an Land stürzen zu müssen.

Hält man sich von Opatija aus südwärts, gelangt man nach rund 10 Seemeilen an die Engstelle zwischen der Halbinsel Istrien, deren steile Bergflanken hier fast 1.000 m zum Meer hin abfallen, und der Insel Cres. An dieser Engstelle sieht man auch das Fährschiff zwischen Porozina und Brestova emsig hin und her eilen.

Marina Admiral

Hotel in Opatija

Von hier bis zur Einfahrt des Hafens

Cres (44° 57'N 14° 19'E)

sind es weitere 12 Meilen südsüdöstlicher Kurs. Grün mit Macchie und niedrigen Bäumen bewachsen, präsentiert sich Cres von seiner schönsten und unberührtesten Seite. Welch ein Kontrast zu den häßlichen Industriekomplexen rund um Rijeka.

An der Engstelle des Passes sehen wir auf Cres das Leuchtfeuer von Prestenice, ein kleiner, gedrungener Turm, aufgesetzt auf ein stämmiges Gebäude, das eher wie ein Wohnhaus denn wie ein Leuchtfeuer wirkt.

Ansteuerung:
Die Einfahrt zum Ort Cres auf der gleichnamigen Insel ist sehr gut an einer großen, roten Tonne (nachts befeuert) und einem auffälligen gelben Haus auszumachen. Die Marina Cres befindet sich am äußersten Ende des rund 2 Kabellängen breiten Zufahrtskanals Luka Cres. Um jeder nur denkbaren Grundberührung

aus dem Weg zu gehen, empfiehlt es sich, den Kanal mittig zu passieren. Die Marina befindet sich etwa 0,5 km südöstlich des Ortes. Die Einfahrt zum Yachthafen ist betonnt. Man laufe durch die Betonnung direkt in die Marina und suche sich einen freien Platz an einem Steg.

Liegeplätze:
Es empfiehlt sich nicht, an der Außenseite des Wellenbrechers festzumachen, um sich einen Platz zuweisen zu lassen. An dieser Stelle steht oft unangenehm kabbelige See. Es ist viel einfacher, sich einen freien Liegeplatz zu suchen und sich eventuell danach innerhalb des Hafens auf einen anderen Platz zu verholen, als zuvor an der Außenmole festzumachen.

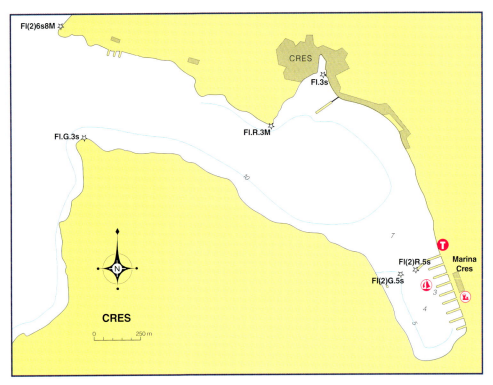

Ganz am Ende beginnt die Lagune übrigens recht schnell sehr seicht zu werden. Daher empfiehlt es sich, sich möglichst dicht an den Steganlagen zu halten.

Der Ort Cres hat zwar auch einen Stadthafen, dieser ist aber voll belegt mit einheimischen kleinen Fischerbooten. Er empfiehlt sich der durchreisenden Yacht nicht.

Versorgung:
Die Versorgungsmöglichkeiten in der Marina sind gut. Insbesondere der Lebensmittelladen glänzt durch eine ordentliche Auswahl. Selbst Schiffsbedarf ist – in der Gegend eher die Ausnahme – zu bekommen. Wichtig zu bemerken ist – es gibt vor der Außenmole eine Tankstelle.

Touristik:
Von der Marina aus kann man einen schönen Spaziergang entlang der Wasserfront hin zum ungefähr einen Kilometer entfernten Ort Cres machen. Unauffällig, nach wenigen 100 Metern auf der rechten Seite, sehen wir das Benediktinerkloster, das für seine Ikonensammlung aus dem 15. Jahrhundert bekannt ist. Am Ortsrand wird zunächst linker Hand das Werftgelände auffallen,

Prestenica

Cres

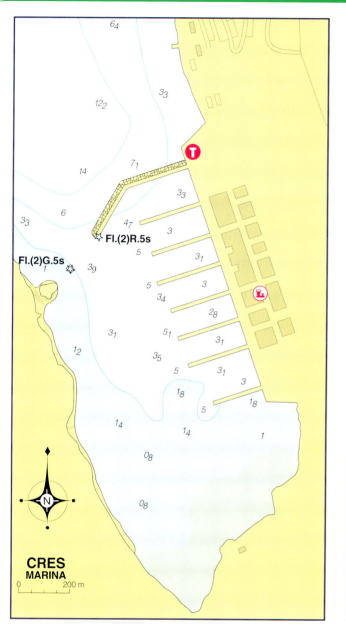

in dem auch größere Küstenmotorschiffe repariert werden können. Man kommt zunächst an dem Franziskanerkloster mit der Kirche Sveti Franjo aus dem 14. Jahrhundert vorbei. Wenige Meter weiter kann man sich nach links halten. Folgt man dieser Straße, trifft man schon kurze Zeit später auf den Südostteil des Hafenbeckens. Hübsch bemalte Patrizierhäuser schmücken das Rund des Hafens, was sehr idyllisch wirkt. Straßencafés und Restaurants reihen sich aneinander. Es ist bestimmt nicht übertrieben zu behaupten, daß romantisch veranlagte Menschen den Bummel durch die anheimelnden Gassen der Altstadt genießen werden. Im-

IV. Die inneren Inseln – Zadar bis Cres und Ostküste Istriens

Cres – Fischerhafen

mer wieder tut sich ein Blick auf den oberhalb des Ortes stehenden Festungsturm auf. Er zeugt eindrucksvoll von der gefahrreichen und bewegten Geschichte der Insel. Wie alle wichtigen Bauwerke von Cres stammt er aus dem 15. Jahrhundert, d. h. der Zeit, in der der Ort immer mehr seine Führungsrolle auf der Insel von Osor übernahm. Von der Stadtmauer sind nur oberhalb des Stadtkerns, wenn man vom Hafenbecken die „Hauptstraße" hinaufgeht, einige Torfragmente erhalten. Bis auf wenige Mauerreste wurde im 19. Jahrhundert die gesamte Stadtbefestigung geschleift.

Sveti Franjo

Cres – Stadttor

Aus Cres mit Ostkurs auslaufend, sehen wir zur Linken die große Einbuchtung von Valun. Nach Ansicht vieler ist Valun der schönste Ferienort, den man auf Cres finden kann.

Nun denn – eine vernünftige Anlegemöglichkeit für Sportschiffer hat er jedenfalls nicht zu bieten.

Valun

IV. Die inneren Inseln – Zadar bis Cres und Ostküste Istriens

Nachdem man das Kap Pernat erreicht hat, kann man Kurs auf die Südspitze Istriens absetzen (Distanz etwa 20 Seemeilen).

Der unmittelbar gegenüberliegende, fjordartige Einschnitt, der auf der Karte so verheißungsvoll wirkt, ist in Wirklichkeit mit Industrieanlagen bebaut und alles andere als romantisch – auch wenn der Blick auf die Seekarte etwas anderes suggeriert.

Kurz bevor man die istrische Südspitze erreicht, kann man in einem gewundenen Wasserarm Steuerbord die Marina

Pomer (44° 49' 13° 54'E)

anlaufen.

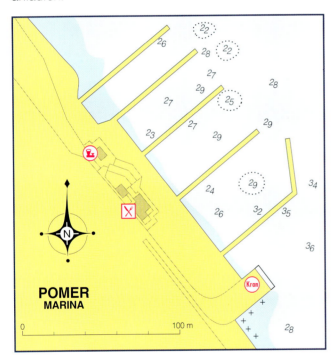

fahrt zur inneren Bucht von Medulin. Untiefen und Gefahrenstellen liegen jedenfalls alle innerhalb der 5-Meter-Linie. Man steuert solange Nord-Nordost, bis auf

der Backbordseite querab Einzelheiten der Marina Pomer deutlich in Sicht kommen. In der Einsteuerung zur Bucht von Medulin muß man auf Gezeitenströmungen gefaßt sein, die im Bereich der Einfahrt bis zu 3 kn betragen können. Wegen der vielen vorgelagerten Inseln und der möglicherweise unkalkulierbaren Strömungen empfiehlt sich eine Nachtansteuerung nur, wenn man das Revier genau kennt.

Ansteuerung:
Wegen der vielen vorgelagerten Inselchen und Klippen ist es ratsam, zwischen den Inseln Bodulas und Ceja im weißen Bereich des Feuers auf der Huk von Munat (Blz. 2 s. 7 sm) einzulaufen. Dieses Feuer markiert die Ein-

Pomer

Liegeplätze:

Bora und Jugo können kräftig über den gesamten Bereich der Bucht herfallen. Hohen Seegang wird man aber nicht erleben, dazu ist die Windwirkstrecke in der Lagune einfach zu kurz. Die Marina bietet 250 Yachten jeder Größe Liegeraum. Da die Marinaaußenseite zur Bucht hin offen ist, muß man aber damit rechnen, daß bei starkem Jugo oder bei starker Bora Schwell vom offenen Meer in die Bucht und damit auch in die Marina hineinläuft. Dann wird das Liegen ungemütlich.

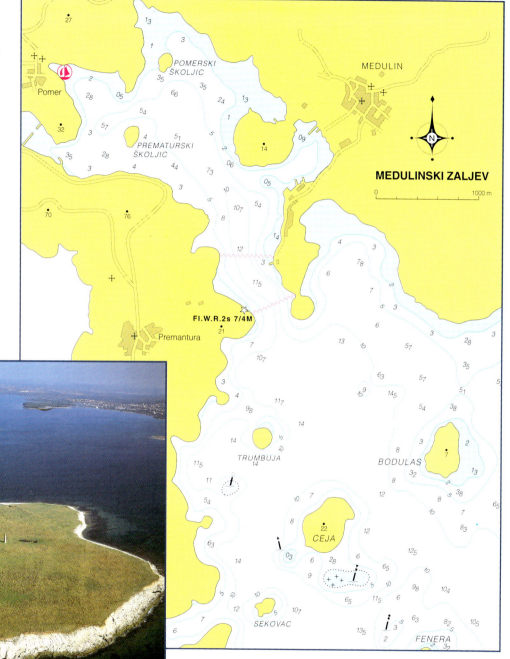

Versorgung:

Die Versorgungsmöglichkeiten sind eher bescheiden. Es gibt zwar einen kleinen Laden in der Marina, aber

Medulinski Zaljev – Einfahrt

mit eingeschränktem Angebot. Der Ort Pomer ist für die Versorgung auch nicht gerade ideal, da er zu weit weg liegt.

Touristik:
Die Umgebung der Marina wirkt recht flach und ist sicher nur für denjenigen geeignet, der so etwas wie vollkommene Abgeschiedenheit sucht.

Rätselhafte Schrifttafeln – Die glagolitische Schrift

An vielen Stellen der Kvarner Bucht hat man Steintafeln mit einer merkwürdigen Beschriftung gefunden. Die Tafel von Baška zählt mit zu den ältesten und bedeutendsten Zeugnissen in der sogenannten glagolitischen Schrift. Datiert wird diese Tafel ins 12. Jahrhundert. Angeblich wird in ihr die Landschenkung des kroatischen Königs Zvonimir an eine Abtei bei Baška dargestellt. Das wertvolle Original der Tafel lagert allerdings in der Akademie der Wissenschaften und Künste in Zagreb. Was hat es nun mit dieser geheimnisvollen Schrift auf sich?

Die jahrhundertelange Fremdherrschaft führte auf vielen Inseln, so auch auf Cres, zu einer geistigen Widerstandsbewegung. Die Christianisierung und die mit ihr einhergehende Latinisierung der Amtssprache schritten voran. Die christlichen Bücher wurden aber von den bekannten Aposteln Kyrill und Method in eine den Slawen verständliche Sprache übersetzt. Hierfür wurde eigens eine Schrift entwickelt, die dem Kyrillischen, das heute noch in Rußland gebräuchlich ist, ähnelt, die sogenannte glagolitische Schrift. Wie sie genau in den Raum der Nordadria gelangte, ist auch heute noch unter Historikern umstritten. Vielerorts wurde sie der Kirchensprache Latein vorgezogen und geriet so in den Ruch des Widerstands gegen die römische Amtskirche. Nachdem Papst Innozenz IV. noch 1052 unter dem Druck der ortsansässigen Priesterschaft erlaubte, das Glagolitische in der Heiligen Messe zu benutzen, machte man wenig später in Rom eine Kehrtwende.

Im Jahre 1060 verbot der römische Klerus die Benutzung der glagolitischen Schrift. Sie wurde aber gerade auf Cres noch bis ins 19. Jahrhundert hinein mehr oder weniger heimlich gepflegt. Daher kann man die glagolitische Schrift heute noch als sinnstiftendes Element einer kroatischen Nationalstaatlichkeit begreifen, auch wenn sie im liturgischen Kirchenalltag nicht mehr vorkommt.

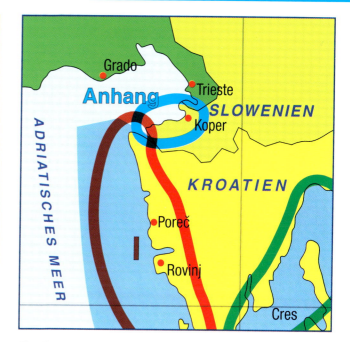

Anhang

Slowenien

Slowenien, ein Staat etwa so groß wie das Bundesland Hessen, grenzt mit einem kleinen Zipfel seines Staatsgebietes an die Adria. Auf einer Küstenlinienlänge von nur 10 Meilen – Einbuchtungen nicht mitgerechnet – befinden sich drei Marinas und der Altstadthafen von Piran. Wer die formalitätstechnischen Voraussetzungen für die Einreise nach Kroatien erfüllt, erfüllt auch diejenigen von Slowenien – einige wenige Besonderheiten seien an dieser Stelle aufgeführt:

Bei Einreise auf dem Seeweg kann man entweder Koper, Piran oder Izola anlaufen, alle drei sind Einklarierungshäfen, die auch das ganze Jahr über geöffnet sind. Einmal im Jahr bei der ersten Einreise ist eine Leuchtturmsteuer in Höhe von zur Zeit 200 Tolar zu entrichten. 100 Tolar entsprechen zur Zeit etwa 1,14 DM. Die Liegegebühren in den drei Marinas differieren nur wenig voneinander. Sie lagen für ein 10-m-Boot im Jahr 1998 bei umgerechnet rund 50 DM pro Tag.

Es ist sicher nicht falsch zu behaupten, daß die drei großen slowenischen Marinas als gute und sichere

Anhang

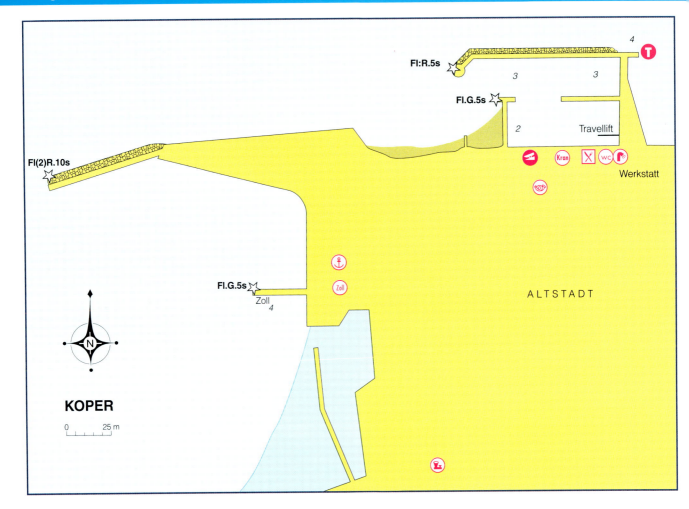

Bootsparkplätze anzusehen sind, von denen aus der Urlaubstörn in weiter südlich gelegene Gewässer üblicherweise gestartet wird.

Koper (45° 33'N 13° 45'E)

Ansteuerung:
Koper ist wohl die kleinste der slowenischen Marinas. Tief in den südlichen Zipfel der Bucht von Koper wurde die Marina unmittelbar vor die Altstadt gebaut. Als Ansteuerungshilfe ist in der Fernansteuerung am besten der venezianisch wirkende Turm der Kathedrale dicht westlich der Marina geeignet. Näher herangerückt, wird man den Wellenbrecher des Hafens vor einigen klotzig wirkenden Betonhochhäusern gut ausmachen können. Vorsicht, die Bucht wird zu ihrem Ende hin deutlich flacher. Unmittelbar östlich der Hafenzufahrt wurde ein Strand für Badegäste aufgeschüttet. Die Einfahrt zum Hafen ist zwar üblicherweise von einer Bojenreihe abgetrennt, dennoch muß man beim Einlaufen auf unvorsichtige Schwimmer acht geben.

Liegeplätze:
Man kann einlaufend Steuerbord vor dem Kopf der Innenmole festmachen und sich einen Platz zuweisen lassen. Die Wassertiefen in der Einfahrt liegen bei 3 m. Für tiefergehende Boote empfiehlt sich denn auch ein

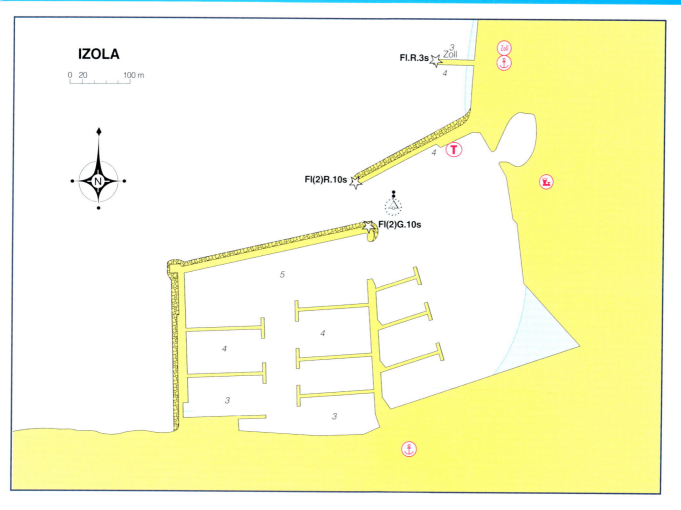

Liegeplatz im inneren Teil der Außenmole.

Versorgung:
Will man sich vergewissern, ob überhaupt ein Liegeplatz frei ist – Koper ist in der Regel recht gut belegt –, kann man auch an der neu errichteten Tankstellenpier im Westteil des Hafens kurzzeitig überliegen. Zollformalitäten kann man im zuständigen Hafenamt erledigen. Man erreicht es, wenn man etwa 300 m an der Uferstraße um die Altstadt herum in östliche Richtung geht. 100 m weiter entfernt in dieser Richtung befindet sich auch ein ordentlich geführter Supermarkt.

Der nordwestlich der Marina gelegene Handelshafen soll als das Tor Sloweniens zur Welt großzügig aus- und umgebaut werden. Hier sind also auch kurzfristig bauliche Änderungen möglich.

Izola (45° 32'N 13° 39'E)

Ansteuerung:
Nur 3 Seemeilen östlich der Marina Koper liegt die neu ausgebaute Marina von Izola.

Die Stadt Izola – auf einer kleinen Landzunge in der Adria gelegen – besaß ursprünglich einen kleinen Fischerhafen an der Südwestseite der Landzunge. Dieser beschauliche Fischerhafen zu Füßen des Ortskam-

Anhang

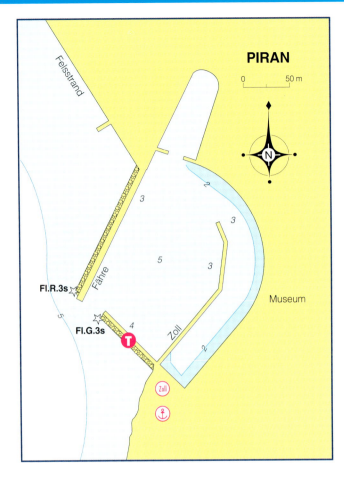

panile, der aus der Ferne als die ideale Ansteuerungsmarke anzusehen war, ist mittlerweile aber nur noch ein winziges Teilchen eines riesigen Hafenkomplexes. Kommt man von Norden, muß man die Halbinsel Izola weiträumig runden, da Untiefen der hier flachen Küstenlinie weit vorgelagert sind. Bevor man in den Hafen einläuft, sieht man auf der linken Seite eine in der Regel freie Betonpier. An ihrer Wurzel befindet sich der Zoll, bei dem man ein- und ausklarieren kann/muß. Einlaufend Backbord liegt Izolas Fischereiflotte. Diese Liegeplätze muß man auch unbedingt freihalten. An der Wurzel der Fischermole befindet sich eine Tankstelle.

Liegeplätze:
Einlaufend Steuerbord befinden sich dann die Stege der modernen Marina. In dem weiträumigen Hafenteil linker Hand kann man, wenn es der Liegeraum zuläßt, auch ankern bzw. eine freie Ankerboje, von denen viele ausliegen, benutzen. Eine Tripleine bei Benutzung eigenen Geschirrs ist aber unbedingt erforderlich. Es liegen eine Menge Teile älterer Grundgeschirre und andere Dinge im Hafenschlamm. Die Marina bietet, wenn das Projekt voll ausgebaut ist, mehr als 600 Liegeplätze für Boote bis 25 m und bis zu 4 m Tiefgang. Im Hinblick auf ihren technischen Standard ist sie schon jetzt hervorragend ausgerüstet. Die Wassertiefen betragen in der Einfahrt etwa 5 m und nehmen kontinuierlich nach innen bis auf rund 3 m ab. Da das Projekt aber noch im Ausbau befindlich ist, muß man erfahrungsgemäß noch mit einigen Änderungen rechnen.

Versorgung:
Die Versorgungsmöglichkeiten sind gut. Lebensmittel finden sich in der Nähe des eingangs bereits erwähnten alten Fischerhafens, und hübsche Restaurants an der Uferstraße laden zum Verweilen ein.

Piran (45° 32'N 13° 34'E)

Ansteuerung:
Piran ist ein kleines malerisches Adriastädtchen, das – vorwitzig weit ins Meer hinausgereckt – auf einer Landzunge erbaut wurde. Eines dieser charmanten Kleinvenedigs, die den gesamten Adriaraum prägen. Es verwundert also nicht, daß der Ortskampanile, wie so häufig, die optimale Ansteuerungshilfe ist. Auf der Südwestseite der Landzunge trifft man, nachdem man, von Norden kommend, das Kap Madona gerundet hat, auf den Hafen. Der Grund ist bis dicht an die Hafeneinfahrt heran tief und rein, so daß die Ansteuerung selbst keine Probleme bereitet. Die Probleme fangen nach dem Einlaufen in den Hafen an.

Liegeplätze:
Die Ursprünglichkeit und Schönheit des Städtchens bedingt, daß der Liegeraum mehr als knapp ist. Hat man noch nicht einklariert, kann man einlaufend Steuerbord an der Zollpier festmachen. Sie ist durch ein Metallgitter vom übrigen Hafengebiet sichtbar abgetrennt. Aber dieser Liegeplatz ist eben nur zum Einklarieren gedacht.

Wenn man Glück hat, findet man an der Außenseite des Stegs, der die Zollpier fortführt, ein freies Plätzchen, sonst bleibt die Innenseite der Außenmole als Liegemöglichkeit. Mit 4 bis 5 m Wassertiefe an all den genannten Liegeplätzen ist es in der Regel tief genug. Der äußere Teil der Außenmole muß aber unbedingt für die Berufsschiffahrt frei gehalten werden.

Versorgung:
Zoll- und Hafenamt befinden sich am Fuß der Innenmole, ebenso die Tankstelle und eine Wasserzapfstelle. Versorgungsmöglichkeiten befinden sich im neueren Teil des Ortes nahe beim Hafen. Es sei aber ausdrücklich noch einmal darauf hingewiesen, daß die Wahrscheinlichkeit, im Sommer einen Liegeplatz zu bekommen, eher gering ist.

Portorož (45° 30'N 13° 36'E)

Ansteuerung:
Dicht südlich des Badeortes Portorož liegt die moderne Marina. Sie grenzt unmittelbar an den kleinen, hier ins Meer mündenden Fluß. Klare Ansteuerungsmarken, außer vielleicht der nördlich angrenzenden Bebauung des Ortes, sucht man vergeblich. Näher herangerückt, nehmen die Wassertiefen rasch ab. Deswegen ist eine Fahrrinne zur Hafeneinfahrt mit Pfählen markiert. Die Einfahrtsrinne wird hier auf etwa 4 m gebaggert. Im Südteil des Hafens darf man mit 2 bis 3, im Nordteil des Hafens eher mit maximal 2 m Wassertiefe rechnen.

Liegeplätze:
Der Hafen hat 650 Liegeplätze für Boote bis theoretisch 25 m Länge. Der Hafen ist mit Dauerliegern gut gefüllt. Der Hafenmeister wird einem einen Liegeplatz zuweisen. Falls nicht, kann man kurzzeitig an die Tankstel-

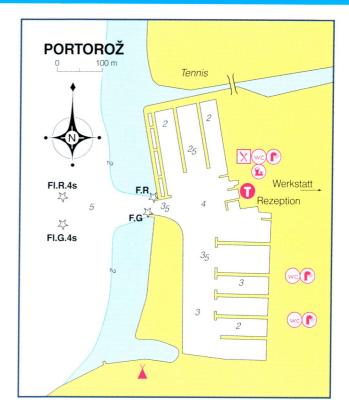

lenpier gegenüber der Einfahrt gehen und sich von dort einen Platz zuweisen lassen.

Versorgung:
Gute Slip- und Parkmöglichkeiten lassen den Hafen übrigens besonders geeignet für Trailerbootskipper erscheinen, die von hier einen Törn in den nördlichen Teil der Nordadria unternehmen wollen.
Die Versorgung im Hafen ist recht gut – Supermarkt im Hafen vorhanden. Portorož ist aber kein Port of entry, Ein- und Ausklarierungsformalitäten kann man nur in Piran erledigen.

Kroatisch-deutsches Glossar

Kroatisch	Deutsch
banka	Bank
benzinska stanica	Tankstelle
čamak	Boot
da	ja
desni brok boda	Steuerbord
desno	rechts
dobar dan	guten Tag
dobra večer	guten Abend
draga	kleine Bucht
grad	Stadt
hrid	Felsen, Klippe
isploviti	auslaufen
jarbol	Mast
jata	Yacht
jedrilica	Segelboot
jedro	Segel
jezero	See
kapetan	Kapitän
kljun	Bug
kormilar	Rudergänger
krma	Heck
lijeva strana	Backbord
lijevo	links
lučka milicija	Hafenpolizei
lučka taksa	Hafengebühr
luka	Hafen
mali	klein
more	Meer
morska bolest	Seekrankheit
morski	nautisch
most	Brücke
napunite molim	volltanken bitte
ne	nein
nori	neu
obala	Küste
otok	Insel
platiti molim	zahlen bitte
plicina	Untiefe
plutača	Boje
pojas za spasavanje	Schwimmweste
prolaz	Durchfahrt
ravno	geradeaus
restoran	Restaurant
roniti	tauchen
sidro	Anker
sveti	Heiliger
trznica	Markt
urala	Bucht
uzao	Knoten
uže	Tau
val (plural ovi)	Welle
veli	groß
zaljev	Bucht
zastava	Flagge

Aussprachehilfe:

c	wie z in Zelt
č	wie tsch
ć	wie dsch
e	wie ä
h	wie ch in Schach
s	wie ß
š	wie sch
v	wie w in Wagen
z	wie s in Dose
ž	wie j in Journal

Ortsregister

Beli 105
Božava 71
Brijuni 33
Brguljak Zaljev 62

Cres 107
Cikat 52

Dugi Otok 64

Ilovik 54
Ist 59
Izola 117

Koper 116
Krk 103

Limski-Kanal 31
Lošinj, Insel 44
Lucina 70
Luka 50

Mali Lošinj 48ff.
Marina Zadar 81
Martinšcica 40
Medulinski Zaljev 113
Mljake 62
Molat 62

Novigrad 24ff.

Olib und Silba 87
Olib 88
Opatija 105
Osor 42
Osor, Kanal 43

Pantera 64
Pašman 76
Piran 118
Pomer 112
Poreč 27ff.
Portorož 119
Premuda 58
Prolaz Zapuntel 67
Pula 35
Punat 100

Rab 93
Radiboj 44
Rijeka 105
Rovinj 30ff.

Silba und Olib 87
Silba 90
Soliscica 64
Sukošan 78
Supetarska Draga 99
Susak 46
Sveti Petar 54

Ugljan 75ff.
Umag 22
Unije 45
Ustrine 41

Valun 111
Veli Iž 73
Veli Rat 64ff.
Veruda 37

Zadar 78ff.

Impressum

Volker Lipps
Kroatien –
Buchten · Ankerplätze · Häfen · Landgänge
ISBN 3-88412-321-1
1. Auflage 2000
© DSV-Verlag GmbH, Hamburg
Herausgeber: DSV-Verlag GmbH,
Gründgensstrasse 18
22309 Hamburg

Alle Rechte der Nutzung, Speicherung
sowie der Verbreitung sind vorbehalten.

Titel/Layout/Kartengrafik: machart, Hamburg
Lithografie: Reproform, Hamburg
Druck: C. H. Wäser, Bad Segeberg

Printed in Germany

Bildnachweis:
Luftaufnahmen, Bernd Eulert;
alle anderen Fotos: Volker Lipps, Dr. Susanne Lipps;

Grafiken:
Seekartenausschnitte Seite 11 nach Katalog Bade & Hornig;
Druckverteilungsgrafiken Bora Seite 15/16 nach dem Buch „Seewetter", erschienen im DSV-Verlag.

Ort